André Wiebe

Wie wichtig ist Bewegung für Grundschulkinder?

Auswirkungen auf die kindliche Entwicklung und das Wohlbefinden im digitalen Medienzeitalter

Bibliografische Information der Deutschen Nationalbibliothek:

Die Deutsche Nationalbibliothek verzeichnet diese Publikation in der Deutschen Nationalbibliografie; detaillierte bibliografische Daten sind im Internet über http://dnb.d-nb.de abrufbar.

Impressum:

Copyright © Studylab 2018

Ein Imprint der Open Publishing GmbH, München

Druck und Bindung: Books on Demand GmbH, Norderstedt, Germany

Coverbild: Open Publishing GmbH | Freepik.com | Flaticon.com | ei8htz

Inhaltsverzeichnis

Abbildungsverzeichnis

Tabellenverzeichnis

1 Einleitung

> „Bewegung ist ein Grundphänomen menschlichen Lebens, der Mensch ist von seinem
> Wesen her darauf angewiesen" (Zimmer 2009, S. 17).

Leben ist Bewegung – Bewegung ist Leben. Ohne Bewegung wäre Leben nicht nur undenkbar, sondern schlichtweg unmöglich. Überlebenswichtige Vorgänge, wie beispielsweise Herzschlag und Atmung, sind nur durch Bewegung (Muskelkontraktionen) möglich. Das benötigte Ausmaß an aktiver Bewegung ist heutzutage allerdings abhängig von der Lebenssituation des Individuums. Bei erwachsenen Menschen kann die körperliche Betätigung in direktem Zusammenhang mit ihrem Gesundheitszustand stehen (vgl. Haskell 2000, S. 930). Insbesondere in der Entwicklung von Kindern ist sie laut Zimmer und weiteren führenden Experten von immenser Bedeutung:

> „Kindheit ist eine bewegte Zeit, in keiner anderen Lebensstufe spielt Bewegung eine
> so große Rolle wie in der Kindheit" (Zimmer 2009, S. 16; vgl. auch Billmeier/Ziroli
> 2014, S. 123).

Dies wirft die Frage auf, wie das aktuelle Bewegungsverhalten von Kindern aussieht. Es soll in dieser Arbeit allerdings speziell um Grundschulkinder gehen, um die Thematik etwas einzugrenzen. Es treten immer häufiger Haltungsauffälligkeiten, Übergewicht, Herz-Kreislauf-Schwächen und Bewegungsbeeinträchtigungen bei Kindern auf (vgl. Zimmer 2008, S. 23). Diese gesundheitlichen Probleme lassen sich auf einen Bewegungsmangel zurückführen, welcher sich in den letzten Jahren vergrößert hat: Laut der World-Health-Organisation ((WHO), deutsch: Weltgesundheitsorganisation) sollten Kinder und Jugendliche täglich mindestens 60 Minuten sportlich aktiv sein. Nur 31 % der Grundschulkinder erreichten in den Jahren 2009 bis 1012 nach einer Studie des Robert Koch-Instituts dieses empfohlene Mindestmaß an körperlicher Aktivität (vgl. Manz u.a. 2014, S. 844). In der „zweiten Welle" der Studie, in den Jahren 2014 bis 2017 waren es sogar nur noch 26,4 % (vgl. Finger u.a. 2018, S. 26). Gleichzeitig ist ein deutlicher Anstieg der Mediennutzung bei Kindern zu beobachten, welcher laut Spitzer sogar schon besorgniserregend hoch ist (vgl. Spitzer 2012, S. 11-12). Auch hierzu gibt es bereits Studien und Forschungsergebnisse, aufgrund derer sich eindeutige Aussagen treffen lassen. Im weiteren Verlauf dieser Arbeit soll hierauf näher eingegangen werden. Korreliert also der steigende Gebrauch von digitalen Medien mit der Bewegungsabnahme im Kindesalter? Dies würde bedeuten, dass wenn Bewegung das Wohlbefinden fördert, digitale Medien einen Grund für dessen Verschlechterung darstellen würden.

Sogar das Jugendwort 2015 hat etwas mit dem immer weiter verbreiteten Smartphone zu tun: Es lautet „Smombie" (vgl. Spitzer 2016, S. 8). Diese Zusammenführung der beiden Wörter Smartphone und Zombie (ein willenloser Mensch ohne Seele) sagt aus, dass manche Menschen durch die fast pausenlose Beschäftigung mit dem Mobiltelefon, in ihrer eigenen, digitalen Welt gefangen werden. Außerdem verdeutlicht es, wie sich hierdurch sogar die Persönlichkeit verändern kann und diese teilweise nicht mehr wiederzuerkennen ist.

Kinder haben unterschiedlichste Möglichkeiten und Situationen um Bewegung zu erfahren. Sie sollten im Alltag die Gelegenheit zur aktiven sportlichen Betätigung haben. Aber wie sieht die aktuelle Bewegungssituation in den verschiedenen Lebensbereichen von Kindern aus? Um diese Frage zu beantworten werden in dieser Arbeit die aktuellen Ergebnisse der KiGGS-Studie herangezogen und teilweise mit früheren Ergebnissen verglichen um die gesellschaftliche Veränderung und die Tendenzen von kindlicher Bewegungsaktivität innerhalb der letzten Jahre erkennen zu können.

Warum ist Bewegung so wichtig und welche Auswirkungen hat sie im Kindesalter? Dieses Thema wurde bereits vielfältig bearbeitet und soll auf wissenschaftlicher Grundlage in meiner Arbeit wiedergeben werden. Hierzu wird im Folgenden insbesondere die Literatur der Sportwissenschaftlerin Prof. Dr. Renate Zimmer herangezogen. Welche Bedeutung hat Bewegung in der kindlichen Entwicklung für das Wohlbefinden von Grundschulkindern im digitalen Medienzeitalter? In dieser Arbeit möchte ich herausstellen, ob nach neuesten Erkenntnissen körperliche und sportliche Aktivität von Grundschulkindern in Deutschland gefördert werden sollten und ob dadurch ihr Wohlbefinden gesteigert werden kann. Was genau definiert also dieses Wohlbefinden und welche Rolle spielt das eigene Wohlbefinden in der Entwicklung eines Kindes? Wie wirkt sich körperliche Aktivität auf dieses aus?

Für eine möglichst inhaltlich adäquate Bearbeitung des Themas wird im Folgenden die Bedeutung von Bewegung in der kindlichen Entwicklung beschrieben (Kapitel 2). Hierzu wird erst Bewegung als kindliches Grundbedürfnis erläutert (Kapitel 2.1). Anschließend wird die Wirkung von Bewegung auf kognitive Fähigkeiten (Kapitel 2.2) und dann die körperliche Verfassung (Kapitel 2.3) betrachtet. Dieses Kapitel wird in Motorik (Kapitel 2.3.1), körperliche Gesundheit (Kapitel 2.3.2) und die Folgen von Bewegungsmangel (Kapitel 2.3.3) unterteilt. Dann wird der Zusammenhang zwischen Bewegung und sozialer Entwicklung hergestellt (Kapitel 2.4). Folgend wird der Einfluss von Bewegung auf die Entwicklung des Selbst beschrieben (Kapitel 3). Dazu wird zuerst dargestellt wie Bewegung das Selbstkonzept (Kapitel

3.1) und die Selbstwirksamkeit (Kapitel 3.2) beeinflussen kann. Schließend werden noch die möglichen Folgen von Bewegungsmangel auf das Selbst aufgezeigt (Kapitel 3.3). In diesem Zusammenhang wird die KiGGS-Studie (Studie zur Gesundheit von Kindern und Jugendlichen in Deutschland) vorgestellt (Kapitel 4). Hierzu werden zuerst allgemeine Informationen über die Studie dargestellt (Kapitel 4.1) und dann die für diese Arbeit relevanten Ergebnisse vorgestellt (Kapitel 4.2). Anschließend wird die heutige Bewegung von Grundschulkindern und Möglichkeiten zur weiteren Gestaltung von Bewegung thematisiert (Kapitel 5) und unterschiedliche Bewegungsräume betrachtet (Kapitel 5.1), nämlich der Sozialraum (Kapitel 5.1.1), die Lebenswelt (Kapitel 5.1.2) und die sozialökologischen Zonen (Kapitel 5.1.3). Im Anschluss werden die digitalen Medien als Mitverursacher des aktuellen Bewegungsmangels analysiert (Kapitel 5.2). Dann wird auf das Wohlbefinden eingegangen (Kapitel 6) und dabei zuerst subjektives und objektives Wohlbefinden definiert (Kapitel 6.1). Nachfolgend wird die Verbindung von sportlicher Aktivität und dem Gesundheitszustand (Kapitel 6.2) und von sportlicher Aktivität und der Ausgeglichenheit (Kapitel 6.3) untersucht. Die Abschlussreflexion (Kapitel 7) unterteilt sich in die Zusammenfassung und Schlussfolgerungen der Arbeit (Kapitel 7.1) und den daraus resultierenden Appell an die soziale Arbeit (Kapitel 7.2).

Aus Gründen der Lesbarkeit wird in dieser Arbeit darauf verzichtet, geschlechtsspezifische Formulierungen zu verwenden. Soweit die männliche Form angeführt ist, sind Männer und Frauen in gleicher Weise gemeint.

2 Bewegung in der Entwicklung

Die Thematik Bewegung ist zu groß, um sie allumfassend im Rahmen dieser Arbeit bearbeiten zu können. Deshalb wird im Folgenden kurz der Umfang von Bewegung erläutert, welcher hier thematisiert werden soll. Die sogenannte Alltagsbewegung umfasst die regelmäßigen, alltäglichen Bewegungstätigkeiten, wie Gehen, Spielen usw. Allerdings ist in dieser Arbeit der Aspekt der körperlichen Aktivität wichtiger. Bouchard und Shepard definierten den Begriff „körperliche Aktivität" im Jahr 1994 so, dass durch Bewegung ein von Muskeln produzierter, erheblicher Energieverbrauch verursacht wird[1] (vgl. Bouchard/Shepard 1994, S.77).

2.1 Bewegung als kindliches Grundbedürfnis

Bewegung ist ein Grundbedürfnis von Kindern. Wie bereits in Kapitel 1 erwähnt, sind Menschen sogar schon vor der Geburt eng mit Bewegung verbunden. Weiterhin ist die aktive Bewegung ein Bedürfnis und ein Drang, welcher auf neurobiologischer Ebene erforscht werden kann. Transmitterüberschüsse, wie zum Beispiel des Glückshormons Dopamin, führen bei Kindern zu einem intensiveren Bewegungsdrang als bei Erwachsenen. Darüber hinaus sind eine ausgeprägte Tätigkeit des Pallidums (bestimmte Region innerhalb der Großhirnrinde), sowie ein erhöhter Vorrat an Eiweißspeichern dafür verantwortlich, dass sich Kinder mehr bewegen als Erwachsene (vgl. Weineck 2004, zit. nach Rauschert 2017, S. 6). Es wird deutlich, dass eine hohe Bewegungsaktivität in der Entwicklung eines Kindes durch die Biologie des Menschen prädestiniert ist. Das macht Bewegung zu einem anthropologischen Grundbedürfnis.

Je älter das Kind wird, desto mehr kann es sich aktiv bewegen – beispielsweise wenn es lernt zu laufen. Dann ist auch das Erkunden der Umwelt mit aktiver Bewegung eng verknüpft, denn Kinder laufen, um immer mehr Dinge zu entdecken. Sie nehmen ihre Umwelt als Bewegungswelt wahr, auch wenn diese nicht für Bewegung konzipiert ist (vgl. Zimmer 2008, S. 14). Kinder sehen also in unterschiedlichsten Situationen und Orten, Möglichkeiten für Bewegung. Dabei können sie ihre Phantasie benutzen, um eine Fülle an Bewegungsoptionen auszuprobieren. Dieses Verhalten muss nicht belohnt oder durch Manipulation herbeigeführt werden, sondern passiert automatisch in der Entwicklung. Durch Bewegung setzen Kinder sich aktiv mit ihrer Umwelt auseinander und lernen dabei sich selbst und die

---

[1] Übersetzung durch den Autor

Gesetzmäßigkeiten der Umwelt kennen (vgl. Zimmer 2013, S. 9). Wenn Kinder dann in das Grundschulalter kommen, werden Bewegungsabläufe spezialisiert und verbessert. Im Sportunterricht ist deutlich zu erkennen, wie sich zum Beispiel Gleichgewichts- und Koordinationsfähigkeiten enorm entwickeln (vgl. Kirchner 2005, S. 69). Das bedeutet, dass in diesem Alter unterschiedliche äußerst wichtige Fertigkeiten für das spätere Leben erarbeitet werden. Dies ist für Kinder aber kein bewusstes Training, sondern wird automatisch in spielerischer Bewegung, wie im Sportunterricht in der Schule oder auch beim Spielen in der Freizeit erlernt. Je schneller eine Bewegung ausgeführt wird, desto komplizierter ist deren Umsetzung. Also müssen auch bereits erlernte Bewegungsabläufe weiter praktiziert und verbessert werden, da schnelle Bewegungen im Erwachsenenalter unabdingbar sind (zum Beispiel schnelle Reaktion bei Gefahr im Straßenverkehr). So ist also aktive Bewegung von Kindern nicht nur bis zum Schulalter wichtig, sondern auch im Grundschulalter, da bereits gelernte Bewegungen ausgebaut und perfektioniert werden müssen.

Weiterhin beschreibt Zimmer das Bestreben nach Autonomie und Selbstständigkeit als ein Motiv für Bewegung (vgl. Zimmer 2010, S. 29). Die Selbstständigkeit als Grundbedürfnis kann auf verschiedene Arten durch Bewegung gestillt werden. Durch Bewegung lernt ein Kind immer mehr Dinge selbst tun zu können. So kann es zum Beispiel durch das Fahrradfahren selbst weiter entfernte Orte erkunden und mit Freunden eine gemeinsame Aktivität teilen. Hierdurch vollzieht sich automatisch die langsame Abkopplung von den Eltern. Weiterhin können auch in einem Sportverein Kontakte geknüpft werden und regelmäßige Treffen stattfinden, sodass Freunde mit denselben Interessen immer mehr Einfluss in dem Leben des Kindes gewinnen und die gemeinsam verbrachte Zeit ohne die Eltern zur Selbstständigkeit führt.

Dass die Förderung von Bewegung im Kindesalter einen positiven Effekt auf die körperliche, motorische, personale, soziale und kognitive Entwicklung hat, wurde bereits mehrfach in Studien belegt (vgl. Ahnert u.a. 2003, S. 185-199; Hollmann u.a. 2003, S. 467-474; Fleig 2008, S. 11-16; Finger u.a. 2018, S. 24). Hierauf wird in den folgenden Kapiteln näher eingegangen.

2.2 Wirkung auf kognitive Fähigkeiten

Zu den kognitiven Fähigkeiten zählen unter anderen Wahrnehmung, Aufmerksamkeit, Gedächtnis, Denken, Problemlösung und Lernen (vgl. Jasmund 2009, S. 40). Bei der Geburt besitzt ein Mensch über einhundert Milliarden Neuronen

(Nervenzellen) im Gehirn. Diese müssen allerdings miteinander verknüpft werden, bevor sie funktionieren können. Die Verknüpfung von zwei Neuronen heißt Synapse und geschieht durch aktive Sinnesreize, also durch Berührungen, Bewegungen usw. Durch diese Verbindungen ist die Weiterleitung von Informationen möglich. Wie gut sich die Vernetzung im Gehirn entwickelt, ist laut Neurowissenschaftlern aktivitätsabhängig. (vgl. Zimmer 2009, S. 43). Dies bedeutet, dass Bewegung die Synapsenbildung nicht nur beeinflusst, sondern bestimmt. Sie kann also als Grundlage für die kognitive Entwicklung gesehen werden. Somit ist das aktive Handeln, welches automatisch auch Bewegung voraussetzt, fundamental für das Denken und Lernen selbst. Als Begründer der kognitiven Entwicklungspsychologie gilt Jean Piaget (1896-1980) (vgl. ebd., S. 44). Nach Piaget geschieht Denken zuerst in Form von aktivem Handeln. Dann kann das Kind durch die praktische Bewältigung einer Situation die dazugehörige Theorie verstehen lernen (vgl. Piaget 2002, zit. nach Zimmer 2009, S. 45).

> „Handlungen werden so verinnerlicht, dass zu einem späteren Zeitpunkt dann die Abstraktion von der konkreten Tätigkeit möglich ist, das Ergebnis der Handlungen vorweggenommen werden kann und nun die Vorstellung an die Stelle des Ausprobierens tritt" (Zimmer 2009, S. 45).

Kinder können demnach ein theoretisches Denken über etwas aufbauen, nachdem sie es selbst erlebt haben. So können sie zum Beispiel die Begriffe Schwung, Gleichgewicht oder Schwerkraft verstehen, indem sie diese durch aktives Tun – wie beim Schaukeln, Rutschen, Klettern oder Springen – erleben (vgl. ebd.). Während diesen Tätigkeiten wiederum wird das Neuronennetz im Gehirn gebildet, welches die Grundlage für abstrakte Denkprozesse ohne dazugehöriges Erlebnis darstellt. Diese Fähigkeit gewinnt für Kinder in älteren Jahren immer mehr an Bedeutung – beispielsweise im Mathematikunterricht. Piaget teilt die Entwicklung des Denkens in Stufen ein und behauptet, dass abstraktes Denken ab dem siebten Lebensjahr anfängt, indem die geistige Handlung nicht mehr von der Realität der Außenwelt abhängig ist. Ab dem elften Lebensjahr kann das Denken dann in Form abstrakter Überlegungen ablaufen (vgl. Piaget/Inhelder 1986, S. 11). Also ist das Grundschulalter die Zeit, in welcher sich das abstrakte Denken entwickelt und formt. Die neuronalen Verbindungen bleiben allerdings nicht bestehen wenn sie nicht auch benutzt werden. Unnötige Verbindungen werden abgebaut, oft benutzte Verbindungen hingegen werden verstärkt und so effizienter (vgl. Pauen 2003, S. 45). Es ist also wichtig, die Bewegungen und körperlichen Aktivitäten öfter und immer wieder auszuführen. Kinder haben dabei nicht das Ziel, ihre Gehirnstruktur zu verbessern, sondern Spaß an der Aktivität. Die kognitive Entwicklung ist sozusagen ein positives Nebenprodukt der kindlichen Bewegung. Die Bewegung selbst wird auch nicht bewusst, sondern durch den natürlichen, genetisch determinierten Bewegungsdrang (vgl. Kapitel 2.1) ausgeführt.

2.3 Wirkung auf die körperliche Verfassung

2.3.1 Motorik

Zu den motorischen Fähigkeiten gehören Koordination, Rhythmus, Geschwindigkeit, Geschicklichkeit, Kraft, Ausdauer und Gleichgewicht (vgl. Frostig 1973, S. 12). Viele motorische Fertigkeiten werden zwar schon innerhalb der ersten Lebensmonate entwickelt (vgl. Jasmund 2009, S. 36), aber im Grundschulalter gibt es einen regelrechten Entwicklungsschub einiger motorischer Fähigkeiten, da in dieser Zeit die Voraussetzungen für komplexe Bewegungsabläufe bereits vorhanden sind und die Hirnrinde noch eine sehr hohe Plastizität aufweist, sodass zum Beispiel die Koordinationsfähigkeit besonders gut entwickelt werden kann (vgl. Schmidt 2015, S. 341f). Im Grundschulalter ist also ein hohes Entwicklungspotential für die Motorik vorhanden. Die Fähigkeiten können nur durch die eigene Aktivität, also durch das Selbermachen erworben werden (vgl. Zimmer 2010, S. 29). Diese Aussage unterstützt die Beschreibung des Kindes als „aktiver Gestalter seiner Entwicklung" (ebd., S. 28). Die motorischen Fähigkeiten müssen stetig gefordert werden, damit sie sich verbessern und entwickeln können (vgl. Schmidt 2015, S. 342). Dabei korreliert die motorische mit der körperlich konditionellen Entwicklung, denn ein Sprint erfordert beispielsweise die ausreichend muskuläre, aber auch die entsprechend koordinativen Voraussetzungen. Also entwickelt sich die Motorik parallel zur körperlichen Entwicklung und die Körperkonditionen entwickeln sich mit Ausübung der motorischen Fähigkeiten durch körperliche Aktivität. So wird deutlich, dass je mehr sich ein Kind bewegt, desto besser entwickelt sich die motorische Leistungsfähigkeit. Körperliche Aktivität spielt deshalb nicht nur eine große Rolle in der motorischen Entwicklung, sondern ist auch für weitere Bereiche der Bewegungsentwicklung unverzichtbar.

Motorisch ungeschickte Kinder weisen ein erhöhtes Unfallrisiko auf, wohingegen Kinder mit einer guten motorischen Entwicklung sich zum Beispiel beim Stürzen viel besser mit den Armen abfangen und so den Aufprall mit dem Kopf auf den Boden verhindern können (vgl. Kunz 1994, zit. nach Röhr-Sendlmeier 2007, S. 17-18). Diese Aussage wurde in einer Untersuchung bestätigt, in welcher Kinder eine tägliche Bewegungsförderung von 15 Minuten erhielten und schon nach acht Wochen eine motorische Überlegenheit gegenüber den Kindern zeigten, welche die Förderung nicht erhielten. Außerdem sanken die Unfallzahlen bei den geförderten Kindern erheblich (vgl. ebd., S. 24). Geschicklichkeit und Gleichgewicht sind natürlich nicht nur im Falle eines Sturzes, sondern auch allgemein für die Bewältigung des Alltags von Bedeutung. Somit stellt eine gute motorische Entwicklung eine effektive Prävention für Verletzungen dar, denn durch sie ist die Sicherheit in Situationen mit Verletzungsgefahr erhöht.

2.3.2 Körperliche Gesundheit

Die positive Wirkung von körperlicher Aktivität auf die körperliche Gesundheit ist allgemein bekannt und kann durch medizinische Forschung und Studien klar belegt werden. Erwachsene wissen, dass Sport für ihre körperliche Verfassung wichtig ist, aber Kindern ist die Relevanz von Bewegung für ihre Gesundheit häufig noch nicht bewusst (vgl. Zimmer 2009, S. 56).

Die Wirkungen von körperlicher Aktivität auf die Gesundheit sind vielfältig: Unter anderem werden bei körperlicher Belastung das Immunsystem, die Leistung des Herz-Kreislauf-Systems, die körperliche Fitness und die Muskulatur verbessert. Nach Zimmer brauchen Kinder für eine gesunde körperliche Entwicklung täglich Bewegung (vgl. ebd., S. 56f).

Weiterhin ist die Beweglichkeit wichtig für die gesunde Gelenkfunktion. Im Grundschulalter erreicht die Beweglichkeit aufgrund des biegsamen Skeletts ihren maximalen Leistungswert. Die Intensität der Körperdehnung in dieser Zeit bestimmt, wie schnell die Beweglichkeit nach dem Grundschulalter wieder abnimmt (vgl. Schmidt 2015, S. 342). Wenn also viel körperliche Aktivität und dadurch auch viel Dehnung vorhanden ist, wird die Beweglichkeit gefördert und erweitert somit die Möglichkeiten für weitere sportliche Aktivität.

Während im Vorschulalter noch durch das alltägliche Spielen Muskeln aufgebaut werden, kann ab dem Grundschulalter schon Krafttraining durch sportliche Aktivität erfolgen. Diese ist zum Beispiel wichtig für die Kondition, eine gute Knochenstruktur (hohe Knochendichte) und für die Vermeidung von Haltungsschwächen (vgl. ebd., S. 343).

Die Aktivität bezüglich körperlicher Ausdauer ist ebenfalls von großer Bedeutung. Diese bildet eine gute Voraussetzung für alle sportlichen Tätigkeiten. Außerdem kann sie den Blutdruck senken, den aeroben Energiestoffwechsel (Energiegewinnung des Körpers aus der Nahrung) und das Kapillarsystem, welches unter anderem für die Sauerstoffversorgung der Muskeln zuständig ist, verbessern und den Fettstoffwechsel günstig beeinflussen (vgl. Schmidt 2015, S. 344). Hier wird also eine gute Basis für eine gesunde Entwicklung geschaffen, welche nicht sofort von außen sichtbar ist, aber im Körper eine gesundheitliche Verbesserung bewirkt. Durch diese Basis werden, wie erwähnt, Voraussetzungen für weitere sportliche Aktivitäten ermöglicht. So kann auch vorbeugend gegen Zivilisationskrankheiten, wie Diabetes oder Herz- und Gefäßkrankheiten, entgegengewirkt werden. Eine gute Geschicklichkeit und Ausdauer lassen zudem vermuten, dass Kinder auch Freude an der Bewegung haben, und somit auch die Motivation für sportliche Betätigung gesteigert wird. Zwischen körperlicher Aktivität und Gesundheit besteht also eine Interdependenz. Diese Erläuterungen und Aussagen machen die enorme Relevanz von Bewegung für die körperliche Gesundheit deutlich.

2.3.3 Folgen von Bewegungsmangel

Bewegungsmangel ist eine Hauptursache für verschiedene gesundheitliche Probleme (vgl. Röhr-Sendlmeier 2007, S. 17). Bei vielen Grundschulkindern treten Bewegungsmangelerkrankungen auf (vgl. Schmidt 2015, S. 341). Der Begriff Bewegungsmangelerkrankung zeigt, dass die von Bewegungsmangel verursachten gesundheitlichen Probleme durch genügend körperliche Aktivität verhindert werden könnten. Auswirkungen von Bewegungsmangel, wie Übergewicht, Haltungsauffälligkeiten, Bewegungsbeeinträchtigungen und Herz-Kreislauf-Schwächen, treten immer häufiger bei Kindern in Erscheinung (vgl. Zimmer 2008, S. 23). Diese Aspekte bergen Risiken in sich und können, je nach Zustand, ein äußerst negatives Körpergefühl erzeugen. So können dadurch normale Alltagsbeschäftigungen in großem Maße negativ beeinflusst werden. Werden diese Entwicklungen nicht aufgehalten, sind weitere ernsthafte Probleme vorhersehbar: Haltungsstörungen können beispielsweise schnell Bandscheibenschäden oder Wirbelsäulendeformationen herbeiführen (vgl. Nething u. a. 2006, S. 43). Besonders risikoreich ist auch das Übergewicht, da es bereits im Kindesalter viele andere gesundheitliche Probleme verursachen kann (vgl. Pachinger 2015, S. 5f), wie Bluthochdruck, Fettstoffwechselstörungen und Diabetes (vgl. Robert Koch-Institut 2008, S. 41). Gleichzeitig führen diese Faktoren gleichzeitig wiederum zu einer Bewegungsverringerung, da Übergewicht die positive Entwicklung von körperlicher Ausdauer stark erschwert. So kann ein „Teufelskreis" entstehen, in welchem sich Übergewicht und Bewegungsmangel gegenseitig begünstigen. Diese Krankheiten „verwachsen" sich meist nicht automatisch im Erwachsenenalter, sondern tendieren eher dazu, chronisch zu werden und die Gesundheit mit fortschreitendem Alter immer stärker zu beeinträchtigen, beispielsweise auch durch die Entwicklung von Adipositas (vgl. Röbel u. a. 2006, S. 87). Es wird also deutlich, dass die Spätfolgen dieser Krankheitsbilder sehr groß sein und im Erwachsenenalter die Lebensqualität stark beeinträchtigen können.

Des Weiteren beeinflusst Bewegungsmangel auch die motorische Entwicklung negativ. Eine schlechte motorische Entwicklung führt wiederrum zu einem erhöhten Unfallrisiko (vgl. Kapitel 3.2.1). Es ist zu erkennen, dass die Folgen von Bewegungsmangel vielfältig negativ sind und eine große Reichweite haben.

2.4 Bewegung und soziale Entwicklung

Kinder brauchen den Kontakt zu anderen Kindern, um sich sozial entwickeln zu können. Durch das Zusammenleben und die Interaktion miteinander lernen sie nachzugeben und sich zu behaupten, zu streiten und sich zu verzeihen, sich durchzusetzen und unterzuordnen, zu teilen und zu empfangen (vgl. Zimmer 2009, S. 34). Demnach können diese sozialen Interaktionen nicht nur theoretisch beigebracht, sondern müssen vom Kind selbst erfahren und so auch internalisiert werden. Für diese praktischen Erfahrungen schaffen das Spiel und der Wettkampf im Spiel adäquate Voraussetzungen. Gerade bei bewegungsaktiven Spielen gibt es viel Potential für die Herausbildung sozialer Kompetenzen: Kinder müssen sich mit den Mitspielern auseinandersetzen, Konflikte lösen, Spielregeln besprechen und einhalten usw. Dabei können im Spiel aufkommende Probleme das soziale Verhalten stark auf die Probe stellen. Kinder kopieren dabei oft unbewusst Verhaltensweisen, welche sie bei Bezugspersonen gesehen und erlebt haben (vgl. ebd., S. 35).

Zimmer stellt fünf Grundqualifikationen sozialen Handelns auf: Erstens die *„Soziale Sensibilität"*, also die Fähigkeit, sich in die Lage eines anderen hineinversetzen zu können und mitzufühlen. Beim Spiel kann die Möglichkeit hierzu gegeben sein, wenn zum Beispiel das Gewinnerteam mit dem Verliererteam mitfühlt, weil die Kinder auch wissen wie es sich anfühlt zu verlieren. Zweitens das *„Regelverständnis"*, also das Vermögen, den Sinn von Regeln zu verstehen und sie einzuhalten. Auch um diesen Aspekt zu lernen bietet das Spiel eine gute Gelegenheit, denn gerade Wettkämpfe bringen auch Regeln mit sich. Drittens die *„Kontakt- und Kooperationsfähigkeit"*, was bedeutet, dass man als ganzes Team miteinander agieren kann. Hierfür sind wieder Wettkampfspiele förderlich, denn in diesen gibt es oft Teams, welche gegeneinander antreten. Viertens die *„Frustrationstoleranz"*, womit gemeint ist, dass auch Misserfolge gehandhabt werden können. Hierzu bietet das

Verlieren bei einem Spiel eine hervorragende Gelegenheit, denn es zeigt die eigenen Grenzen auf. Fünftens die *„Toleranz und Rücksichtnahme"*, also die Fähigkeit, Andersartigkeit anderer zu respektieren und anzuerkennen. Dabei stellen Differenzen, also sowohl Schwächen als auch Stärken der Kinder, in diesem Fall geeignete Lernmöglichkeiten dar (vgl. ebd., S. 36).

Es ist außerdem anzumerken, dass nach Silbereisen die Perspektivübernahme – also die erste Grundqualifikation von Zimmer – erst ab dem Grundschulalter erfolgen kann:

> „[...] aber erst ab ca. 6 Jahren werden sie fähig, das eigene Handeln aus der Perspektive eines anderen zu reflektieren und umgekehrt dessen Reaktion auf das eigene Handeln vorwegzunehmen (Silbereisen 2002, S. 711).

Also ist demnach das Grundschulalter die perfekte Zeit, um diese Kompetenz auszubilden. Die Perspektivübernahme ist im späteren Leben sehr wichtig, denn sie kann ein soziales und harmonisches Zusammenleben ermöglichen, indem Wünsche und Bedürfnisse von anderen akzeptiert und beachtet werden.

3 Der Einfluss von Bewegung auf die Entwicklung des Selbst

> „Über die Erfahrungen, die das Kind mit seinem Körper macht, entwickelt sich ein Bild von den eigenen Fähigkeiten, es erhält eine Vorstellung von seinem ‚Selbst'. Es macht die Erfahrungen von Können und Nicht-Können, von Erfolg und Misserfolg, von Leistung und Grenzen, von Selbstständigwerden und den hierfür erforderlichen Mitteln" (Zimmer 2009, S. 27).

Dieses Zitat von Zimmer macht bereits deutlich, wie Bewegung und die Entwicklung des Selbst zusammenhängen. Im weiteren Verlauf wird das Selbstkonzept, die Selbstwirksamkeit und auch eine negative Entwicklung des Selbst bearbeitet und in den Zusammenhang mit Bewegung gebracht.

3.1 Der Einfluss von Bewegung auf das Selbstkonzept

Ein Selbstkonzept ist das Bild, welches sich ein Mensch von seiner eigenen Person macht. Dieses Bild entsteht durch Erfahrungen, die in der Vergangenheit gemacht wurden (vgl. ebd., S. 28). Das Selbstkonzept könnte also auch mit dem Begriff Selbsteinschätzung umschrieben werden. Für die Entwicklung eines positiven Selbstkonzepts in der Kindheit spielen die Erfahrungen, welche über Körper und Bewegung gemacht werden, eine besonders wichtige Rolle (vgl. Zimmer 2010, S. 51). Der Körper ist, anders als die Seele, der visuell sichtbare und spürbare Bereich einer Person und ist somit auch Teil der Identität. Deshalb sind die Erfahrungen, welche durch ihn gemacht werden, zentral für das Selbstkonzept. Gerade körperliche und motorische Fähigkeiten sind für die Selbsteinschätzung und Selbstwahrnehmung enorm bedeutsam (vgl. Hausser 1997, S. 127). Die gute Entwicklung des Körpers wirkt sich also positiv auf die Selbsteinschätzung aus, da gute, erfolgreiche Erfahrungen mit dem eigenen Körper gemacht werden können. Dies bedeutet, dass körperliche Aktivität eine Voraussetzung für ein positives Selbstbild schaffen kann, indem sie die Motorik und die körperliche Verfassung verbessert (vgl. auch Kapitel 2.3). Hierbei lernen Kinder auch ihre eigenen Grenzen und Schwächen kennen, denn sie erfahren beim Ausprobieren von Bewegungsvorgängen Erfolg oder auch Misserfolg. Wenn ein Ziel nicht erreicht wird, hat das Kind sich überschätzt und kann so eine gesunde Einschätzung zwischen Selbstsicherheit und eigenen Grenzen entwickeln. Diese Ausgewogenheit ist wichtig, denn sie wird später für eine realistische Einschätzung der eigenen Fähigkeiten im körperlichen, aber auch im mentalen Bereich benötigt.

Weiterhin spielt die Selbstbewertung eine Rolle in dem Selbstkonzept, also der Vergleich mit anderen und die daraus resultierende Bewertung der eigenen Person (vgl. Beutel & Hinz 2008, S. 40). Nach Zimmer haben besonders körperliche und sportliche Fähigkeiten meist einen hohen Stellenwert für Kinder (vgl. Zimmer 2010, S. 56). Auf dieser Ebene können Ableitungen von guten Leistungen für eine positive Selbstbewertung gemacht werden. Auf der anderen Seite besteht auch die Gefahr, dass negative Selbstbewertungen durch schlechte Leistungen einen Einfluss auf das Selbstwertgefühl nehmen und dieses vermindern. Die pädagogische Arbeit kann hier ansetzen, das Selbstbewusstsein des Kindes stärken und ihm beibringen, den Selbstwert nicht abhängig von Bewertungen anderer zu machen (vgl. ebd., S. 78). Stärken und Schwächen herauszufinden ist Teil der kindlichen Entwicklung. Schwierig wird es nur, wenn eine dauerhafte Unzufriedenheit mit den eigenen Schwächen eintritt und überwiegt. Dies kann das Selbstwertgefühl und somit auch das Selbstkonzept negativ beeinflussen. Ist das Selbstkonzept aber positiv, so trauen sich Kinder mehr zu und behandeln neue Aufgaben mit mehr Energie (vgl. ebd., S. 59), wodurch die erfolgreiche Bewerkstelligung einer Aufgabe wahrscheinlicher ist. So lässt sich auch bereits erahnen, dass die Eigenwahrnehmung und -bewertung eines Kindes auch mit seiner individuellen Handlungsfähigkeit und Selbstwirksamkeit einhergehen, was im nächsten Kapitel behandelt werden soll.

Für das Selbstkonzept spielen noch weitere Aspekte eine Rolle, jedoch können diese im Rahmen dieser Arbeit nicht weiter berücksichtigt werden.

3.2 Der Einfluss von Bewegung auf die Selbstwirksamkeit

Selbstwirksamkeit ist einer der wichtigsten Bestandteile des in Kapitel 3.1 dargestellten Selbstkonzepts. Kinder lernen, dass sie Ursache bestimmter Effekte sind. Das Bewusstsein für die Selbstwirksamkeit kann insbesondere in Bewegungshandlungen und körperlicher Aktivität erlangt werden (vgl. Zimmer 2010, S. 61; 66). Die Überzeugung, durch das eigene Handeln etwas bewirken zu können, stärkt das Selbstbewusstsein. Aktives Handeln bietet Möglichkeiten zur Stärkung dieser Überzeugung. Dabei können auch weniger leistungsfähige Kinder eine Entwicklung ihrer Fähigkeiten beobachten, denn egal wie die eigene Leistung im Vergleich zu anderen ist, kann sie sich entwickeln und verbessern, wenn das Kind mit körperlicher Aktivität experimentiert (zum Beispiel beim Laufen, Springen, usw.). Im Schulsport ist dieser Leistungsanstieg gut zu beobachten, denn die sportlichen Tätigkeiten wiederholen sich und können über einen bestimmten Zeitraum betrachtet werden. Durch die Theorie zum jeweiligen Thema und die aktive Hilfestellung des Lehrers wird die Wahrscheinlichkeit der Leistungssteigerung erhöht. Diese optimalen Voraussetzungen können Kindern in der Entwicklung einer starken Selbstwirksamkeit helfen.

Nach Zimmer ist selbst eine extrem positive Selbsteinschätzung nicht negativ zu betrachten, denn *„Selbstwirksamkeitsüberzeugungen können für den Erfolg entscheidender sein als die objektiven Leistungsvoraussetzungen"* (ebd., S. 67).

Also kann die Überzeugung, etwas zu schaffen, ausschlaggebender für die Zielerreichung sein, als andere wichtige Voraussetzungen. Diese Sichtweise macht deutlich, dass ein Kind durch eine positive Einstellung zu seiner Selbstwirksamkeit durchaus auch Selbständigkeit und Stärke ausprägen kann. Allerdings ist dies nur bis zu einem bestimmten Maß möglich, denn eine unrealistische Überzeugung in dieser Hinsicht wird dem Kind auf Dauer mit großer Wahrscheinlichkeit auch Niederlagen einbringen, wodurch das Kind aber im Gegenzug wieder die eigenen Grenzen kennenlernt. Dadurch entsteht, wie bereits in Kapitel 3.1 genannt, ein gesundes Gleichgewicht zwischen Selbstbewusstsein und eigenen Grenzen. Die Grenzen haben damit also auch einen positiven Effekt auf das Selbstbewusstsein, denn es hätte fatale Auswirkungen, wenn ein Kind glauben würde, alles schaffen zu können (zum Beispiel aus fünf Metern Höhe auf den Boden zu springen, ohne sich zu verletzen). So stellt dieses Gleichgewicht einen Schutzmechanismus dar. In Bewegungsspielen kann dabei spielerisch und meist ohne größere Gefährdung viel ausprobiert und erprobt werden, um das Maß der eigenen Selbstwirksamkeit zu erforschen. Bei der gelungenen Bewältigung einer bestimmten Herausforderung wird das Selbstvertrauen gestärkt. Dieses positive Gefühl bildet die Basis für ein starkes Selbstwirksamkeitsempfinden (vgl. ebd., S. 66).

Ein Kind lernt in vielen Bewegungshandlungen, dass durch das eigene Tun ohne Hilfe von außen etwas erreicht werden kann (vgl. ebd., S. 71), also dass die eigene Tat die Ursache einer bestimmten Wirkung ist. Diese Wirkung wird bei Bewegung unmittelbar und direkt erlebt und das Kind kann sich dadurch als Verursacher erkennen (vgl. ebd., S. 76). Zudem haben Kinder ständig Möglichkeiten, durch körperlichen Einsatz Herausforderungen zu bewältigen. Diese sind manchmal nur spielerisch (zum Beispiel drei Treppenstufen zu überspringen), aber auch wenn kein Zwang besteht etwas schaffen zu müssen, wird durch solche Situationen der beschriebene „Ursache und Wirkung Effekt" ausgelöst und verinnerlicht. Je mehr ein Kind die Überzeugung hat, die Konsequenzen des eigenen Handelns bestimmen zu können, desto motivierter kann es Herausforderungen bearbeiten (vgl. ebd., S. 72). Diese gewonnenen Erkenntnisse über die eigene Handlungswirksamkeit beeinflussen auch später im Erwachsenenalter das Verhalten im Umgang mit

Problemen (vgl. ebd., S. 35). Also können Kinder, welche ein starkes Selbstwirksamkeitsempfinden entwickeln, in ihrem Leben positiver und motivierter mit schwierigen Situationen umgehen. Kinder mit einer schlechteren Selbstwirksamkeitsüberzeugung werden weniger Erfolg haben.

3.3 Negative Entwicklung des Selbst durch Bewegungsmangel

Bei vielen Misserfolgserlebnissen kann es bei Kindern bewusst und unbewusst zur Entwicklung eines negativen Selbstkonzepts kommen. Dies kann dazu führen, dass das Selbstvertrauen sinkt, das Kind zurückhaltend wird und manchmal gar nicht erst versucht, Herausforderungen zu bewältigen. Das könnte verursachen, dass die Erwartungen anderer Personen an dieses Kind kleiner werden, wodurch es selbst wiederum in der Annahme bestätigt wird, nur wenig leisten zu können (vgl. Zimmer 2010, S. 57). Das führt dann wieder zu Misserfolgen und Zurückhaltung und es bildet sich ein Teufelskreis. Diese Zurückhaltung kann dann zu einer Vermeidungshaltung führen, welche wiederum die Bewegungsaktivität hemmt (vgl. Röhr-Sendlmeier 2007, S. 18). Auch hier wird also ein Teufelskreis beschrieben. Weiterhin kann aus den niedrigen Erwartungshaltungen und der daraus entstehenden Abwertung der eigenen Person ein Minderwertigkeitsgefühl entwickelt werden, welches dann aggressives Verhalten hervorrufen kann (vgl. Zimmer 2010, S. 57). Eine mögliche Ursache dieses aggressiven Verhaltens können eine unangemessen empfindliche Reaktion und die geringe Frustrationstoleranz von Kindern mit negativem Selbstkonzept sein, welche durch neue Anforderungen überfordert sind (vgl. ebd., S. 59). Aggressivität kann jedoch zu weiteren Problemen führen und zudem eine ungünstige Entwicklung des Sozialverhaltens begünstigen.

Nach Epstein haben adipöse Kinder häufiger ein geringeres Selbstwertgefühl und sind schneller ängstlich und depressiv (vgl. Epstein 1992, S. 124). Demnach können die Folgen von Bewegungsmangel (zum Beispiel Adipositas) das Selbstkonzept schwächen und so zu einer negativen Entwicklung des Selbst beitragen. Dies kann ein großes Problem darstellen, denn nach Zimmer behalten die meisten Menschen größtenteils das Selbstkonzept, welches sie im Kindesalter entwickelt haben (vgl. Zimmer 2010, S. 59). Ein schlechtes Selbstkonzept bewirkt dann automatisch eine negative Beeinflussung auf die Selbstwirksamkeit (vgl. Kapitel 3.1). Nach den Ausführungen über die Relevanz von Bewegung für ein positives Selbstkonzept in Kapitel 3.1 und für eine hohe Einschätzung der Selbstwirksamkeit in Kapitel 3.2 und über die beschriebenen Folgen für Kinder einer negativen Entwicklung des Selbstbildes in Kapitel 3.3 wird deutlich, dass Bewegungsmangel einen negativen

Einfluss auf die Entwicklung des Selbst hat. Um nun den theoretischen Hintergrund zu Bewegung mit der realen Bewegungssituation von Kindern in Deutschland in einen Zusammenhang zu bringen, wird im nächsten Kapitel nun eine Studie näher untersucht und im Anschluss geprüft, in wie fern ein Handlungsbedarf für die Soziale Arbeit abgeleitet werden kann.

4 KiGGS-Studie

4.1 Allgemeine Informationen

Im Rahmen der vorliegenden Arbeit soll die KiGGS-Studie näher betrachtet werden, wobei sämtliche Informationen hierzu von der offiziellen Website der KiGGS-Studie vom Robert Koch-Institut (RKI) bezogen wurden. Die KiGGS-Studie ist eine Studie zur Gesundheit von Kindern und Jugendlichen in Deutschland und wird vom Robert Koch-Institut (Abteilung Epidemiologie und Gesundheitsmonitoring) durchgeführt. Im folgenden Zitat wird unter anderem deutlich, welche Aufgabe das Robert Koch-Institut verfolgt und wie die KiGGS-Studie darin eingebettet ist:

> „Zu den Aufgaben des RKI gehören unter anderem die Vorbeugung und Bekämpfung von Infektionskrankheiten sowie die Analyse des Gesundheitszustands der Bevölkerung. Um die gesundheitliche Lage der Bevölkerung einschätzen zu können, wurde das Gesundheitsmonitoring eingerichtet, zu dem auch KiGGS gehört."(Robert Koch-Institut 2018).

Das Gesundheitsmonitoring findet im Auftrag des Bundesministeriums für Gesundheit (BMG) statt und wird von diesem finanziert. Ziel ist die fortlaufende Erhebung von aktuellen Daten über den Gesundheitszustand der Bevölkerung. KiGGS ist keine Abkürzung, sondern der Eigenname der Studie. Die Erhebungen fanden in sogenannten Wellen statt. Die erste Erhebung, also die Basiserhebung, wurde in den Jahren 2003 bis 2006 durchgeführt (17.641 Teilnehmende). In den Jahren 2009 bis 2012 wurde die Daten der ersten Welle (12.368 Teilnehmende) und von 2014 bis 2017 die Daten der zweiten Welle (10.023 Teilnehmende) gesammelt. In der Basiserhebung und der Welle 2 wurden Befragungen, körperliche Untersuchungen und Tests benutzt, um die gewünschten Daten zu erhalten. In der Welle 1 waren es hauptsächlich telefonische Befragungen. Seit 2009 wird die Studie als Langzeitstudie weitergeführt. Erhebungsorte waren 167 verschiedene Städte und Gemeinden in Deutschland. Die inhaltlichen Schwerpunkte der verschiedenen Wellen weichen etwas voneinander ab, wobei der Großteil der Themen identisch ist, nämlich der Gesundheitsstatus, das Gesundheitsverhalten und die Lebensbedingungen. Letztere werden dann jeweils in Relation zu den jeweiligen Gesundheitszuständen gebracht (vgl. Robert Koch-Institut 2018). Durch Eigenschaften, wie die hohen Teilnehmerzahlen, die Auswahl von zahlreichen Erhebungsorten und die Fülle von repräsentativen Daten wird die Qualität der KiGGS Studie als hoch eingestuft. Somit werden aus ihren Ergebnissen auch Rückschlüsse für die vorliegende Arbeit gezogen und in den folgenden Kapiteln dargestellt.

4.2 Relevante Ergebnisse für die vorliegende Arbeit

In diesem Kapitel werden für das bearbeitete Thema relevante Ergebnisse über körperliche Aktivität und Übergewicht der KiGGS-Studie vorgestellt.

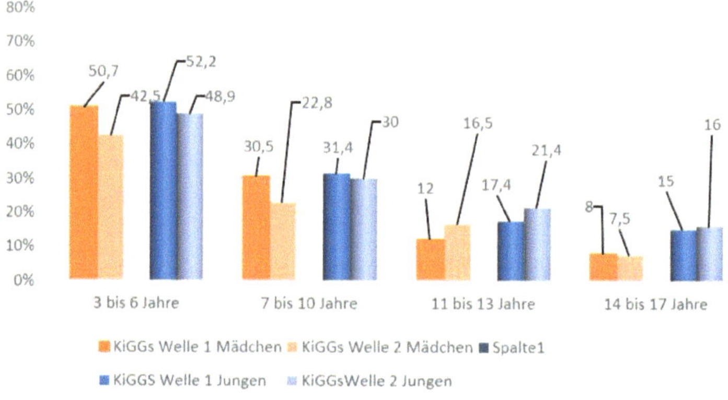

Abbildung 1: Prävalenz von mindestens 60 Minuten körperlicher Aktivität pro Tag (WHO-Empfehlung erreicht) nach Altersgruppen und Geschlecht im Vergleich zwischen KiGGS Welle 1 und KiGGS Welle 2

(Quelle: in Anlehnung an Finger u.a. 2018, S.26 & Robert Koch-Institut 2014, S. 3)

In Abbildung 1 werden Daten der KiGGS Welle 1 und 2 dargestellt. Auffällig ist dabei, dass während in der KiGGS Welle 2, im Vorschulalter (drei bis sechs Jahre) noch durchschnittlich 45,7 % der Kinder täglich 60 Minuten körperlich aktiv sind, sinkt die Zahl bei den sieben- bis zehnjährigen Kindern auf nur 26,4%, wenn man die Daten von Jungen und Mädchen zusammenrechnet. Diese drastische Abnahme von körperlicher Bewegung, zeigt meines Erachtens nach besorgniserregende Entwicklungen für das Grundschulalter. Weiterhin ist die abnehmende Tendenz der körperlichen Aktivität von der KiGGS Welle 1 zur KiGGS Welle 2 zu erkennen. Im Grundschulalter sinkt der Prozentsatz der Kinder, welche die WHO-Empfehlung für körperliche Aktivität erreichen bei den Mädchen von 30,5 % auf 22,8 % und bei den Jungen von 31,4 % auf 30 %. Hier zeigen sich auch alarmierende geschlechtsspezifische Unterschiede, in diesem Fall die Mädchen betreffend.

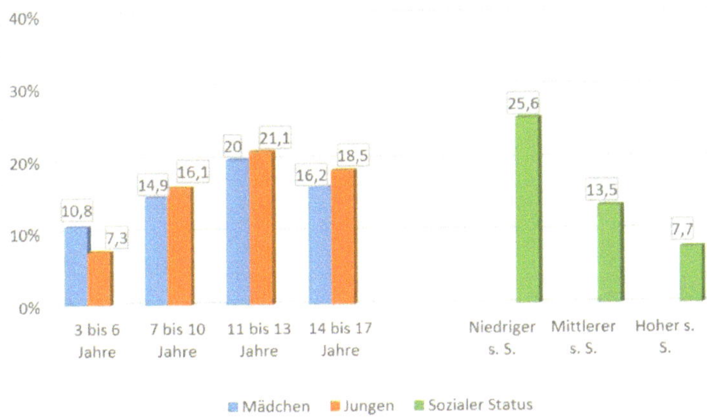

Abbildung 2: Übergewichtsprävalenz (einschließlich Adipositas) nach Geschlecht, Altersgruppen und sozioökonomischem Status (s. S.)
(s. S. ist nicht in Altersgruppen und Geschlechter unterteilt)
(Quelle: Schienkiewitz u.a. 2018a, S. 18)

Abbildung 2 stellt die Übergewichtsprävalenz (einschließlich Adipositas) nach Geschlecht, Altersgruppe und sozioökonomischem Status dar. Bewegungsmangel und Übergewicht stehen häufig in enger Relation zueinander und es finden sich Zusammenhänge zu Übergewicht und sozioökonomischen Status, weshalb auch diese Ergebnisse hier mitaufgeführt werden sollen. Die KiGGS Studie verdeutlicht, dass durchschnittlich etwa 15 % der sieben- bis zehnjährigen Kinder übergewichtig sind. Davon leiden ca. 5,7 % an Adipositas (Schienkiewitz u.a. 2018a, S. 19). Außerdem ist klar zu erkennen, dass die Anzahl der Übergewichtigen im Teenageralter ansteigt und im Jugendalter wieder abnimmt. Die größte Auffälligkeit besteht im sozialökonomischen Status. Während zusammengerechnet nur 7,7 % der Jungen und Mädchen aus höherer sozialer Schicht adipös sind, sind es 25,6 % in der niedrigeren sozialen Schicht. Diese Differenz könnte möglicherweise auf mögliche Problematiken in niedrigen sozialen Gesellschaftsschichten hinweisen, die häufig Handlungsfeld von sozialer Arbeit sind. Somit könnte dies als wichtiger Ansatzpunkt für die Soziale Arbeit gewertet werden.

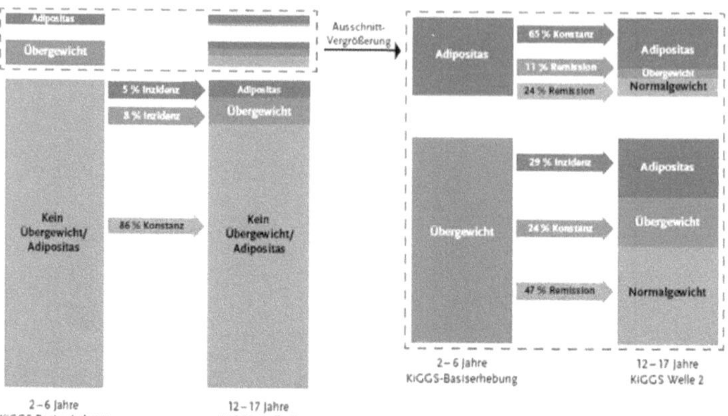

Abbildung 3: Entwicklung von Übergewicht und Adipositas von der KiGGS-Basiserhebung und der KiGGS Welle 2
(Quelle: Schienkiewitz u.a. 2018b, S. 78).

Abbildung 3 stellt die Entwicklung von Übergewicht und Adipositas dar, die aus den Daten der KiGGS-Basiserhebung und der KiGGS Welle 2 gewonnen wurden. In der Basiserhebung der KiGGS-Studie waren 7 % der Kinder im Alter von zwei bis sechs Jahren übergewichtig und 3 % adipös. Nach elf Jahren, zum Erhebungszeitraum der KiGGS Welle 2, lag der Anteil der mittlerweile jugendlichen, übergewichtigen Teilnehmenden bei 9 % und der mit Adipositas erkrankten Jugendlichen bei 8 % und somit deutlich höher. Die Mehrheit (86 %) der zwei- bis sechsjährigen Kinder, welche ein Normalgewicht zum Zeitraum der KiGGS-Basiserhebung aufwiesen, hatte auch als Jugendliche weder Übergewicht noch Adipositas. Bei 8 % der zwei- bis sechsjährigen Kinder, die ein Normalgewicht hatten, entwickelte sich bis zum Jugendalter Übergewicht und bei 5 % Adipositas. Von den zwei- bis sechsjährigen mit Übergewicht behielten 24 % innerhalb von elf Jahren das Übergewicht bei, 29 % entwickelten eine Adipositas und 47 % waren als Jugendliche nicht mehr übergewichtig oder adipös. Von den Kindern mit Adipositas blieben 65 % adipös, während 11 % im Jugendalter ein Übergewicht und 24 % ein Normalgewicht hatten (vgl. Schienkiewitz u.a. 2018b, S. 77). Also erreichten nur 47 % der übergewichtigen Vorschulkinder bis zu ihrem Jugendalter ein Normalgewicht. Bei adipösen Kindern lag der Wert mit nur 24 % noch tiefer. Diese Daten verdeutlichen, dass hier ein hoher Handlungsbedarf vorliegt, um der Problematik des Übergewichts im Kindesalter und auf ihre möglichen negativen Auswirkungen auf die Bewegungsentwicklung gegenzusteuern. Außerdem verweisen sie auf die Dringlichkeit der weiteren Beobachtung dieser Thematik und der Publikation.

5 Bewegung von Grundschulkindern heute und Möglichkeiten zur weiteren Gestaltung von Bewegung

5.1 Bewegungsräume

5.1.1 Sozialraum

Der Begriff Sozialraum beschreibt in der sozialen Arbeit oft einerseits Lebensräume und andrerseits Institutionen (vgl. Hinte 2011, S 30). In der vorliegenden
Arbeit stellt dieser Begriff jedoch Institutionen dar. Lebensräume sollen aber in
noch folgenden Kapiteln ebenfalls behandelt werden.

Welche Institutionen gibt es also aktuell, die von Kindern im Grundschulalter genutzt werden können, um körperlich aktiv zu werden? Die Schule ist beispielsweise
ein Ort, an dem Kinder viel Zeit verbringen. Eine Möglichkeit, Kinder in ihrer Bewegungsentwicklung zu fördern, wäre demnach nicht nur den Sportunterricht dafür zu nutzen, sondern auch in den Pausen und durch zusätzliche Angebote sportliche Betätigung zu ermöglichen. Besonders in Ganztagsgrundschulen sollte aktive
Bewegung in den Schultag integriert werden, indem sie nicht nur außerhalb, sondern auch im Unterricht praktiziert wird (vgl. Hildebrandt-Stramann 2008, S. 132).
Dies kann durch die Nutzung der Flure und des Schulhofs als Lernort erreicht werden. Außerdem können Pausen mit Bewegung im Unterricht durchgeführt werden,
was zur Steigerung der Lernmotivation und zur Kompensation von Aufmerksam-
keitsdefiziten führt. Eine weitere Möglichkeit stellt das Lernen durch Bewegung
dar (vgl. Hildebrandt-Stramann 2015, S. 182f), also die Vermittlung von Lerninhal-
ten durch Bewegungen und spielerische Aktivität. Diese unmittelbare Verbindung
von kognitivem Lernen und Bewegung hat weiterhin den Vorteil, dass durch körperliche Aktivität die Sauerstoffversorgung im Gehirn angeregt und ein besseres
Lernen ermöglicht wird (vgl. Müller 2010, S. 56). Der Unterricht müsste also so
umgestaltet werden, dass Bewegung und vielleicht sogar körperliche Anstrengung
im Unterricht geschieht. Das wäre gerade in der Grundschule gut umsetzbar, da mit
den Kindern spielerisch gearbeitet werden kann, zum Beispiel als Gruppe das Ergebnis einer Mathematikaufgabe mit den eigenen Körpern darzustellen oder Zettel
mit Ergebnissen im Flur zu verteilen und die Schüler zuerst eine Aufgabe lösen und
dann das Ergebnis dort suchen zu lassen. Es gibt hier viele weitere Beispiele, in
denen mit kreativen Ideen Bewegungen in den Schulalltag integriert werden können.

Weiterhin ist der Schulhof ein wichtiger Ort, an welchem körperliche Aktivität
möglich sein sollte, da die Kinder hier ihre freie Zeit verbringen. Mit Spielgeräten
und einem entsprechend großen Gelände kann Bewegung angeregt werden. Hierbei geht es nicht darum, Kinder zu manipulieren, sondern ihnen die Möglichkeiten
zu geben, ihren natürlichen Bewegungsdrang ausüben zu können. Die körperliche
Aktivität ist in der Pause sollte dadurch gekennzeichnet sein, dass sie aus einer
intrinsischen Motivation von den Schüler ausgeht und die Freude an der Bewegung
selbst das Ziel darstellt (vgl. Müller 2015, S. 188). Der Schulhof ist durch die Auf-
sichtspersonen ein abgesicherter Ort, was den Vorteil bietet, dass nach einem Un-
fall beispielsweise schnell erste Hilfe geleistet werden kann. Betrachtet man den
Sportunterricht, können Noten und der damit verbundene Leistungsdruck auf der
einen Seite motivierend und auf der anderen Seite negativ wirken, da die Leistung
der Schüler als wichtiger als der Spaß an der Bewegung angesehen werden kann.
Lehrer sollten hier also unbedingt auch die Freude an der körperlichen Aktivität
vermitteln, damit keine rein extrinsische Motivation für Bewegung entsteht.

Eine weitere Möglichkeit für körperliche Aktivität im Grundschulalter besteht in
Sportvereinen. Die angebotenen Sportarten sind vielseitig und reichen von Mann-
schaftssport bis zum Kampfsport. So haben Kinder die Freiheit zwischen verschiedenen Sportarten individuell nach eigenen Wünschen und Vorstellungen wählen
zu können. Die Begleitung und Anleitung durch die Trainer bietet eine gewisse Sicherheit für die Kinder. Außerdem sind sie Spezialisten der jeweiligen Sportart und
geben fachmännische und professionelle Tipps. Es kann individuell auf die Stärken
und Schwächen der einzelnen Kinder eingegangen werden. So können betreuende
Personen die Kinder motivieren und ihnen dadurch helfen, nicht aufzugeben und
Spaß an den Sportstunden zu haben. Hier ist keine Manipulation gemeint, sondern
eine Anleitung und Begleitung durch eine erwachsene Führungsperson. Bei der Bewegung in Sportvereinen wird allerdings auch bemängelt, dass sie nicht vielfältig
genug und eher zweckorientiert sei (vgl. Breuer 2002, S. 166). So wird das freie
Spiel gehemmt und Bewegungsabläufe werden spezifisch erlernt und können sich
nicht automatisch im Spiel frei entwickeln. Dabei spielt möglicherweise eine frei
entwickelte Bewegung eine sehr wichtige Rolle, da jedes Kind so selbst seine eigenen Bedürfnisse umsetzen kann, denn wie bereits genannt, sind Kinder die Akteure
ihrer eigenen Entwicklung (vgl. Zimmer 2010, S. 28). Zudem stehen Bewegungshandlungen innerhalb von Institutionen in dem Ruf, nicht intrinsisch motiviert und
zu sehr an Bedingungen wie Leistung, Ordnung, Pünktlichkeit und Berechenbar-
keit geknüpft zu sein (vgl. Jasmund 2009, S. 78). So wird aus sportlicher Aktivität

ein Termin gemacht, welcher beim Verlassen der Institution endet. Dabei kann die Selbstverständlichkeit und Relevanz von Aktivität im Alltag verloren gehen. Das Beschränken von sportlicher Aktivität auf Institutionen allein ist also unbedingt zu vermeiden. Trotzdem kann die sportliche Aktivität in Vereinen äußerst positiv für die Bewegungsentwicklung sein, wenn ausreichend freie Bewegung auch außerhalb des Sportvereins vorhanden ist.

Das freie Spiel mit unterschiedlichsten Bewegungsmöglichkeiten ist in öffentlichen Einrichtungen, zum Beispiel Kinder- und Jugendzentren möglich. Wenn Kinder aus der Schule kommen, brauchen sie oft eine Zeit, um die Erlebnisse mit Lehrern und Mitschülern zu verarbeiten und Abstand vom Lernumfeld zu schaffen. Hierbei hilft körperliche Aktivität (vgl. Zimmer 2009, S. 133). Die Freiheiten, welche Kinder dabei in öffentlichen Einrichtungen haben, sind meiner Meinung nach sehr fördernd für die Distanzschaffung zur Schule, da sie selbst entscheiden können, womit sie sich beschäftigen. Es sollten also genug Räume vorhanden sein, um möglichst viel Bewegung zu ermöglichen und zu fördern. Ein Außenbereich wäre hierfür angebracht, um Kindern, welche im Alltag nicht die Möglichkeit für körperliche Ausdaueraktivitäten (zum Beispiel lange Strecken laufen oder rennen) haben, den Zugang zu solchen Orten zu verschaffen. Sicher gibt es noch weitere Institutionen, in welchen körperliche Aktivität für Kinder möglich ist, in dieser Arbeit soll sich jedoch auf die genannten Einrichtungen beschränkt werden, um den Rahmen nicht zu sprengen.

5.1.2 Lebenswelt

> „Lebenswelt sieht Menschen in ihren alltäglichen Verhältnissen, von denen sie geprägt werden, die sie aber auch aktiv mitbestimmen und mitgestalten" (Grunwald, Thiersch 2004, S. 18).

Das oben aufgeführte Zitat ist eine Sichtweise der Lebenswelt auf den Menschen. Die Lebenswelt eines Menschen beschreibt also die Situation, in welcher er sich befindet und seinen Alltag. Die Lebenswelt von Kindern kann in Bezug auf Bewegung enorm unterschiedlich sein. Laut Zimmer können Eltern, die in der Regel sehr nahe Bezugspersonen darstellen, einen größeren Einfluss auf die Bewegungsförderung der Kinder nehmen als andere Menschen (vgl. Zimmer 2004, S. 57). So gestalten sportlich aktive Eltern die Freizeit mit ihren Kindern auch aktiver (vgl. Jasmund 2009, S. 78). In einer Längsschnittstudie in England, die im Zeitraum von 1997 bis 2008 durchgeführt wurde, konnte gezeigt werden, dass Familienfaktoren einen doppelt so hohen Einfluss auf die soziale und kognitive Entwicklung haben, als die Auswirkungen von Fremdbetreuung (vgl. ebd., S. 71). Die Studie zeigt, dass das nahe Umfeld der Kinder – also die Lebenswelt – einen viel größeren Einfluss auf die körperliche Entwicklung hat, als die institutionellen Bewegungsangebote (Fremdbetreuung). Dies ist für Kinder in städtischen Gegenden ein Nachteil gegenüber Kindern in ländlicheren Gebieten, denn Felder und Wälder bieten viel Platz für unterschiedlichste körperliche Aktivität. In Städten gibt es zwar Spielplätze, um Bewegung von Kindern zu fördern, jedoch sind diese häufig sehr klein und möglichkeitsarm im Vergleich zu einem Wald. Weiterhin können Geschwister einen positiven Effekt auf Bewegung haben, denn Geschwisterkinder können sich gegenseitig zur körperlichen Aktivität anregen. Einzelkindern fehlen häufig entsprechende Kontakte (vgl. Bründel, Hurrelmann 1996, S. 216) und in Deutschland lebten im Jahr 2014 26 % der Kinder ohne ein Geschwisterkind im Haushalt (vgl. Statistisches Bundesamt 2018). Aber auch das Umfeld selbst kann entweder zur Bewegung einladen oder sie gänzlich verhindern. Hierbei ist es wichtig, den Raum auch über die eigentliche Nutzung hinaus gebrauchen zu können. So kann zum Beispiel ein Sofa zum Hüpfen benutzt werden oder ein längerer Flur zum Laufen. Hier sollte natürlich auf genügend Sicherheit geachtet werden. Gegebenenfalls müssten beispielsweise sperrige, zerbrechliche oder spitze Gegenstände entfernt werden, die möglicherweise nur zu Dekorationszwecken dienen, und Kindern an Bewegungsspielen hindern oder sie sogar dabei gefährden. In städtischen Orten ist dies besonders wichtig, wenn draußen keine Möglichkeiten für körperliche Aktivität in der unmittelbaren Umgebung vorhanden sind. Dieses stellt sicher keine günstigen Bedingungen für die Bewegungsentwicklung dar, aber es ist zu bedenken, dass unter realistischen Gesichtspunkten betrachtet, nicht jede Wohnumgebung, in der Kinder leben, ein direktes Umfeld mit genügend Freiraum oder ausreichenden Naturflächen für Ausdaueraktivitäten bietet. 2011 lebten 29 % der Kinder in Großstädten[2] (vgl. Statistische Ämter des Bundes und der Länder 2014), was somit bedeutet, dass dort die Bewegungsmöglichkeiten für Kinder stark eingeschränkt sind (vgl. Prätorius & Milani 2004, S. 172). So ist es auch nicht verwunderlich, dass verschiedene Studien belegten, dass in Städten die Anzahl motorisch auffälliger Kinder viel höher ist als in ländlichen Gebieten (vgl. Robert Koch-Institut 2004, S. 74). Also ist es in Großstädten besonders wichtig, offene Kinder- und Jugendarbeit zu leisten, in welcher Sport angeboten wird, um die Möglichkeit zu körperlicher Aktivität zugänglicher zu machen.

---

[2] Ab einer Anzahl von 100.000 Einwohnern gelten Städte als Großstädte

Eine weitere, viel genutzte Beschäftigungsmöglichkeit ist das Spielzeug. Das Spielzeugangebot für Kinder ist enorm groß und scheint zu verschiedensten Bewegungen zu animieren, jedoch sind Kinder größtenteils feinmotorisch mit ihnen aktiv. Dabei findet keine körperliche Anstrengung statt (vgl. Jasmund 2009, S. 78). Breuer machte folgende Aussage bezüglich des Spielzeugs:

> „Das Spielzeug diszipliniert und domestiziert3 kindliche Bewegungen" (vgl. Breuer 2002, S. 157).

Diese Beschränkung des kindlichen Spiels auf bestimmte Handlungen und Bewegungen wirkt sich im Alltag der Kinder auf ihr körperliches Aktivitätsverhalten aus, da laut einer Umfrage 53 % der Kinder jeden oder fast jeden Tag drinnen spielen (vgl. Medienpädagogischer Forschungsverbund Südwest (mpfs) 2017, S. 10). Diese Einschränkung von Bewegung im Spiel kann durch großflächige Spielräume und vielseitig nutzbare Gegenstände vermieden werden. Hierzu sollte auch ein Blick auf die Nutzung natürlicher Umgebungen geworfen werden, da in der freien Natur häufig große Flächen aufzufinden sind und die natürlichen Gegebenheiten kreativ und sehr unterschiedlich für Bewegung genutzt werden können. So muss zum Beispiel bei einem Baum oder mit Holzstöcken viel mehr Kreativität benutzt werden, um damit zu spielen, als bei einem ferngesteuerten Auto. Der Baum bietet eventuell Kletter-, Versteck- und Balanciermöglichkeiten. Dabei sind Kinder automatisch körperlich sehr aktiv und es werden sowohl Kraft als auch Ausdauer trainiert. Im Gegensatz dazu müssen beim Spielen mit einem ferngesteuerten Auto lediglich die Finger bewegt werden. Außerdem sind Laufspiele aufgrund der großen Flächen in der Natur meistens gut möglich. Auch hier können Kinder kreativ sein und ihre Phantasie für neue Spiele oder Spielregeln benutzen. Die vielfältige Umgebung in der Natur ist dafür optimal, denn sie bietet viele Möglichkeiten (Hügel, Bäume, natürliche Verstecke, Wiesen, Äste, usw.). Laufspiele fördern zudem die soziale Interaktion mit anderen Kindern und bieten gleichzeitig eine Herausforderung für die körperliche Ausdauer. Ausdauertraining ist für Kinder im Grundschulalter wichtiger als Krafttraining anzusehen (vgl. Schmidt 2015, S. 343f). So ist klar zu erkennen, dass das Spiel innerhalb des Hauses oder der Wohnung eher bewegungshemmend und die Natur eher bewegungsfördernd und –anregend ist. Es zeigt sich also, dass sportliche und körperliche Aktivität im Alltag, also in der Lebenswelt der Kinder, ein selbstverständlicher Bestandteil sein sollte und kein Programmpunkt einer

---

3   bändigen, gefügig/zahm machen (Duden 2018)

To-Do-Liste. Hierzu müssen nur die passenden Gegebenheiten geschaffen werden, denn die intrinsische Motivation der Kinder ist bereits sehr hoch (vgl. Kapitel 2.1). Wie die aktuelle Bewegungssituation von Kindern aussieht, ist teilweise schon in diesen Kapiteln angeklungen. Im nächsten Kapitel wird die Bewegungssituation von Kindern auch unter dem Aspekt der sozialökologischen Zonen betrachtet und in diese unterteilt.

5.1.3 Sozialökologische Zonen

Die erste sozialökologische Zone ist das „ökologische Zentrum". Dieses beschreibt den Ort, an dem das Kind und seine Bezugspersonen sich hauptsächlich aufhalten. Die zweite Zone ist der sozialökologische Nahraum womit der Raum unmittelbar um das Zuhause des Kindes gemeint ist. Hier finden oftmals schon die ersten sozialen Kontakte zu anderen Kindern statt. Der ökologische Ausschnitt ist die dritte Zone. Hier lernen Kinder Rollenansprüchen gerecht zu werden und Umgebungen sinngemäß zu nutzen. Beispiele hierfür sind die Schule oder Einkaufsmöglichkeiten. Die vierte Zone ist die ökologische Peripherie. Diese beinhaltet die gelegentlichen Kontakte, die außerhalb des Alltags stattfinden. Dazu gehören Freizeitangebote, welche sich in größerer räumlicher Distanz befinden oder Urlaube (vgl. Deinet 2005, S. 42f). Demnach gehört die, in Kapitel 5.1.2 bearbeitete Lebenswelt von Kindern, zu der ersten und zweiten ökologischen Zone und der, in Kapitel 5.1.1 dargestellte Sozialraum, zu der dritten und auch zur vierten ökologischen Zone.

Altersgruppe	3 bis 6	7 bis 10	11 bis 13	14 bis 17	Gesamt
Sport treiben					
Mädchen	68,4%	80,8%	79,9%	75,8%	76,1%
Jungen	63,0%	82,7%	85,3%	84,8%	78,8%
Gesamt n=10.105	65,5%	81,7%	82,7%	80,3%	77,5%
Im Sportverein aktiv					
Mädchen	53,6%	64,6%	60,3%	49,4%	56,8%
Jungen	48,5%	73,5%	65,9%	61,9%	62,5%
Gesamt n=10.079	50,9%	69,2%	63,2%	55,7%	59,7%
WHO-Empfehlung erfüllt					
Mädchen	50,7%	30,5%	12,0%	8,0%	25,4%
Jungen	52,2%	31,4%	17,4%	15,0%	29,4%
Gesamt n=10.063	51,5%	31,0%	14,8%	11,5%	27,5%

Tabelle 1: „Sport treiben allgemein", „Im Sportverein aktiv" und „WHO-Empfehlung erfüllt" - Häufigkeit der Sportaktivität nach Geschlecht und Altersgruppen
Quelle: Manz u.a. 2014, S. 843.

In Tabelle 1 wird deutlich, dass zwar ein großer Prozentsatz von Kindern im Grundschulalter sowohl im Verein (ca. 69 %) als auch allgemein (ca. 82 %) sportlich aktiv sind, jedoch nur 31 % der WHO-Empfehlung, von täglich mindestens 60 Minuten sportlicher Aktivität gerecht werden. Das bedeutet, dass das großgenutzte Sportvereinsangebot – also der Sport in der dritten und vierten sozialökologischen Zone – nicht den gewünschten Effekt von genügender körperlicher Aktivität erzeugt. Weiterhin wird durch dieses Ergebnis deutlich, dass auch andere Institutionen aktuell nicht dem Bedürfnis nach sportlicher Aktivität von Kindern genügend nachkommen. Außerdem ist zu sehen, dass es ab dem Grundschulalter einen rapiden Abfall von circa 15 % der Sportvereinszugehörigkeit bis zum Jugendalter (14 bis 17 Jahre) gibt, während die Anzahl der Kinder und Jugendlichen, welche im Allgemeinen sportlich aktiv sind, vom Grundschulalter bis zum Jugendalter ungefähr gleich bleibt (circa 80 %). Bei diesem konstanten, relativ hohen Wert wird der Anschein von einer allgemein guten Bewegungssituation von Kindern und Jugendlichen erweckt, welche allerdings, gemessen an der WHO-Empfehlung nicht besteht (siehe oben).

Die allgemeine sportliche Tätigkeit außerhalb des Vereins gehört zu der ersten und zweiten sozialökologischen Zone, da sie im Alltag der Kinder und somit zuhause und im unmittelbaren Umfeld des Zuhauses stattfindet. Bei den Vorschulkindern ist die Anzahl der sporttreibenden Kinder sogar am geringsten mit 65,5 %. Jedoch ist die Zahl der Kinder, welche der WHO-Empfehlung gerecht werden in diesem Alter mit 51,5 % auch am höchsten. In den darauffolgenden Lebensabschnitten bleibt die Häufigkeit, wie erwähnt bei circa 80 %, jedoch sinkt die Zahl derjenigen, welche der WHO-Empfehlung nachkommen stetig und drastisch bis zum Jugendalter auf 11,5 % ab. Gesundheitstechnisch genügt also nicht einfach eine hohe Anzahl von sporttreibenden Kindern und Jugendlichen. Bei diesem prozentualen Abstieg in der Entwicklung der Kinder ist der Sprung vom Vorschulalter zum Grundschulalter besonders auffällig, nämlich von 51,5 % welche die WHO-Empfehlung erfüllen, auf 31 %. Es stellt sich die Frage, welche Veränderungen im Leben der Kinder zu solch einer drastischen Abnahme führen, obwohl die Zahl der sporttreibenden Kinder in dieser Zeitspanne um circa 15 % steigt. Diese Ergebnisse könnten darauf schließen lassen, dass eigeninitiierte körperliche Aktivität im freien Spiel, also außerhalb von Verein und expliziter Sportart, bei Vorschulkindern dazu führt, 60 Minuten täglich sportliche aktiv zu sein. Dies würde bedeuten, dass Grundschulkinder dieses Spielen nicht mehr so häufig ausführen wie im Vorschulalter. Ein möglicher Grund hierfür könnte der Eintritt in das Schulleben und das daraus resultierende viele Sitzen sein. Es wird deutlich, dass trotz der intensiven Beschäftigung mit dem Thema „Bewegung und Gesundheit von Kindern", ein großer allgemeiner Bewegungsmangel besteht. Dies bestätigen auch die Befunde der KiGGS-Studie bezüglich des Übergewichts von Kindern und Jugendlichen in Deutschland (vgl. Tabelle 1, Tabelle 2, Abbildung 1). Das wiederrum bringt eindeutig die Erkenntnis mit sich, dass körperliche Aktivität weiterhin gefördert werden sollte um einen weiteren Bewegungsrückgang zu vermeiden und dessen Konsequenzen, welche in Kapitel 2.3.3 und Kapitel 3.3 beschrieben sind, so gering wie möglich zu halten.

5.2 Digitale Medien als Mitverursacher für Bewegungsmangel

Das breit diskutierte Thema der Nutzung digitaler Medien soll hier nur vergleichsweise kurz dargestellt werden. Zimmer bemängelt, dass durch den ständig steigenden Medienkonsum eine Einengung des kindlichen Bewegungsraumes stattfindet (vgl. Zimmer 2009, S. 16). Weiterhin beschreibt sie die Zunahme des Medienkonsums und die damit verbundene geringere körperliche Aktivität als ein typisches Merkmal der heutigen Kindheit (vgl. ebd., S. 22). Diese aus dem Jahr 2009 stammende Aussage hat sich auch bis heute nicht relativiert. Laut einer Studie erhöht sich die Tendenz der Fernsehnutzungsdauer von Kindern: Während 1999 noch 73

% der Kinder täglich oder fast täglich fernsahen (mpfs 2000, S. 8), waren es 2016
77 % (mpfs 2017, S. 10). Dieser Anstieg ist zwar nicht signifikant hoch, allerdings
ist er trotzdem besorgniserregend, da die zahlreichen Untersuchungen und Publikationen zu den negativen Auswirkungen von überhöhtem Medienkonsum in den
letzten Jahren scheinbar zu keiner Veränderung in Bezug auf eine reduzierte Nutzung von Medien geführt hat. Es ist offensichtlich, dass während des Umgangs mit
digitalen Medien keine große körperliche Aktivität stattfindet. Selbst bei Bewegungsspielen, wie bei Wii-Spielen, sind Bewegungen nur eingeschränkt und eher
einseitig (zum Beispiel nur eine Armbewegung beim virtuellen Tennisspielen). Solche eintönigen und eingeschränkten Bewegungen haben kaum einen Wert für die
kindliche Entwicklung, da sie vorgegeben sind und nicht zum Erkunden, Entdecken
oder dem individuellen Spiel dienen (vgl. Zimmer 2009, S 23). Hinzu kommt, dass
nach Spitzer neue Medien, wie Smartphones, auch ein Suchtpotential wie Alkohol
oder Drogen haben (vgl. Spitzer 2012, S. 20). Es liegt auf der Hand, dass die Nutzung digitaler Medien und die geradezu zwangsweise damit verbundene körperliche Inaktivität zu einem Bewegungsmangel führen können. Dabei hindern zum
Beispiel Computer- und Videospiele Kinder einerseits an der Erfahrung und Erschließung der Lebensräume, andrerseits können sich Kinder aber dem Einfluss
der digitalen Medien auch kaum entziehen (vgl. Zimmer 2009, S. 22). Die modernen
Medien stehen Kindern heutzutage häufig fast jeder Zeit zur Verfügung, wobei die
Beschäftigung mit diesen normalerweise in einer sitzenden oder sogar starren Position verläuft (vgl. Zimmer 2013, S. 9).

Den breiten Zugang, den Kinder heute zu digitalen Medien besitzen, belegt auch
eine Studie aus dem Jahr 2016. Sie besagt, dass bereits 51 % der 6 bis 13 Jährigen
ein eigenes Smartphone besitzen, 36 % ein eigenes Fernsehgerät, 44 % eine Spielkonsole und 21 % einen eigenen Computer (mpfs 2017, S. 9). Diese Daten spiegeln
jedoch nur die Geräte wieder, von denen Kinder auch die tatsächlichen Besitzer
sind. Das bloße Vorhandensein von digitalen Medien in deutschen Haushalten mit
Kindern ist weitaus höher. Eine Studie zeigte, dass alle befragten Kinder ein Fernsehgerät im Haushalt haben. Bei Computer, Laptop, Smartphone und Internetzugang liegen die Werte bei 97 % und 98 % (ebd., S. 8). Zu den Geräten im Haushalt
haben die Kinder je nach Aufsicht mehr oder weniger eingeschränkten Zugang.

Eine Hauptaussage der BLIKK-Medien-Studie (BLIKK = Bewältigung Lernverhalten
Intelligenz Kompetenz Kommunikation) im Jahr 2016 ist, dass ein Zusammenhang
zwischen der Nutzungsdauer digitaler Medien mit dem BMI-Wert (Body-Mass-Index) und der Bewegungshäufigkeit von Kindern besteht. Außerdem können

Sprachentwicklungsstörungen, Aufmerksamkeitsdefizite und Schlafstörungen bei
einer hohen Mediennutzung auftreten (vgl. Berufsverband der Kinder- und Jugendärzte e.V. 2016). Weiterhin ergab eine Studie von Kretschmer im Jahr 2004, dass
ein signifikant negativer Zusammenhang zwischen Fernsehkonsum und motorischer Leistungsfähigkeit bei Grundschülern besteht (vgl. Röhr-Sendlmeier 2007, S.
18). Außerdem zeigte eine Langzeitstudie aus dem Jahr 2005, dass die körperliche
Fitness eines Erwachsenen vom Fernsehkonsum in der Kindheit beeinflusst wird
(vgl. ebd.). Diese und weitere Ergebnisse aus statistischen Erhebungen machen den
Schaden von digitalen Medien in der kindlichen Entwicklung deutlich. Somit wird
gezeigt, dass digitale Medien starke Mitverursacher von Bewegungsmangel sind.
Im Umkehrschluss ist anzunehmen, dass die Reduzierung von digitalen Medien in
der kindlichen Entwicklung auch eine Erhöhung von körperlicher Aktivität herbeiführen könnte. Weiterhin ist interessant, dass die häufige Internetnutzung auch das
Wohlbefinden beeinflusst und dieses im schulischen und familiären Raum beein-
trächtigt (vgl. LBS 2011, S. 36).

6 Wohlbefinden

6.1 Subjektives und objektives Wohlbefinden

Um den Begriff Wohlbefinden zu definieren und für diese Arbeit einzugrenzen, wird hier kurz das subjektive und das objektive Wohlbefinden erläutert. Die Bedeutung der Begriffe Wohlbefinden und Lebensqualität sind sich ähnlich, wobei Lebensqualität die Übereinstimmung zwischen den Lebensbedingungen (objektives Wohlbefinden) und dessen Bewertung und Wahrnehmung (subjektives Wohlbefinden) beschreibt (vgl. Glatzer 1992, S. 52). Äußerst interessant ist hier das sogenannte „Wohlbefindensparadox", welches bedeutet, dass trotz ungünstiger objektiver Lebensumstände eine positive Bewertung des Wohlbefindens stattfinden kann (vgl. Herschbach 2002 zit. nach Schumacher u.a. 2003, S. 4). Allerdings ist bei Kindern ein eindeutiger Zusammenhang zwischen schlechtem gesundheitlich-körperlichem Zustand und Unzufriedenheit zu erkennen (vgl. Kapitel 6.3).

Objektives Wohlbefinden beschreibt die äußerlichen Faktoren. Die Bewertung der Situation durch den Menschen, der sich in dieser befindet, spielt hierbei keine Rolle, wobei das objektive Wohlbefinden auch nicht als absolut gewertet werden kann, sondern immer im Vergleich zu anderen Menschen und Situationen gesehen werden muss. Dies wird erreicht, indem zum Beispiel der Body-Mass-Index von Kindern verglichen wird, um einen Vergleich und eine Bewertung des Gesundheitszustandes schaffen zu können. Der Gesundheitszustand wird in dieser Arbeit als der wichtigste Aspekt des objektiven Wohlbefindens angesehen.

Subjektives Wohlbefinden beschreibt hingegen die Bewertung der objektiven Umstände, also auch die Lebenszufriedenheit des Subjekts. Diese ist ein wichtiger Teil des Wohlbefindens, denn sie beeinflusst die Wahrnehmung der Realität. Dies relativiert wiederum die Objektivität der Realität. Trotzdem wird die Unterteilung von objektivem und subjektivem Wohlbefinden an dieser Stelle vorgenommen, da dadurch die Darstellung eines Zusammenhangs zwischen diesen beiden Faktoren erleichtert wird. In dieser Arbeit wird die innere Ausgeglichenheit oder auch Zufriedenheit als wichtigster Aspekt von subjektivem Wohlbefinden gewertet. Die innere Ausgeglichenheit bzw. Zufriedenheit sorgt für eine Art Balance zu Stress und seinen Auswirkungen, wie Konzentrationsstörungen, Unruhe und Rastlosigkeit in der kindlichen Entwicklung und verhindert so ein zu starkes Überhand nehmen dieser negativen Konsequenzen von Stress im Alltag (vgl. Zimmer 2013, S. 9).

6.2 Körperliche Aktivität und Gesundheitszustand

Der Gesundheitszustand ist ein Teil des objektiven Wohlbefindens. Objektives Wohlbefinden stellt allerdings einen Widerspruch in sich selbst dar, da das Befinden einer Sache offensichtlich nicht objektiv sein kann. Trotzdem soll hier die Gesundheit als objektiver Teil des Wohlbefindens dargestellt werden, weil sie Auswirkung einer gesunden Bewegungsentwicklung und körperlicher Aktivität ist (vgl. Schmidt 2015, S. 344). Somit kann sie sozusagen als Nebenprodukt von körperlicher Aktivität und des daraus resultierenden subjektiven Wohlbefindens gesehen werden. Wie bereits in Kapitel 2 erwähnt, haben Bewegung und körperliche Aktivität vielfältige positive Auswirkungen auf die Entwicklung von Kindern. Die aus Bewegung resultierende Gesundheit ist aber auch für ein positives Körpergefühl wichtig (vgl. Zimmer 2009, S. 56). Gesundheit ist laut Weltgesundheitsorganisation das „vollkommene körperliche, geistige und soziale Wohlbefinden" (Weltgesundheitsorganisation 2018). Somit wird Gesundheit quasi mit Wohlbefinden gleichgesetzt. In einer Befragung gaben Kinder an, dass ihr Wohlbefinden sinke, je häufiger sie sich krank fühlen (vgl. LBS 2011, S. 43). Da körperliche Aktivität einen sehr großen Beitrag zur gesunden Entwicklung beiträgt, fördert sie also gleichzeitig das Wohlbefinden. Die drei genannten Aspekte der Gesundheit wurden bereits in Kapitel 2 und Kapitel 3 behandelt. Die dort beschriebene eindeutige Relevanz von körperlicher Aktivität für die Gesundheit zeigt nun den engen Zusammenhang von Gesundheit und Wohlbefinden. Im Umkehrschluss ist festzustellen, dass eine ungesunde Entwicklung durch wenig Bewegung und zu wenig körperliche Auslastung bei Kindern zu einem negativen Wohlbefinden führt. Ein guter Gesundheitszustand ist also wichtig für das objektive Wohlbefinden, unabhängig von dem eigenen Empfinden. Anders ist es bei dem subjektiven Wohlbefinden, welches vom eigenen Empfinden bestimmt ist. Im nächsten Kapitel soll dies weiter ausgeführt werden.

6.3 Körperliche Aktivität und Ausgeglichenheit

Dieses Kapitel richtet den Fokus auf die Frage, welche Voraussetzungen gegeben sein müssen, damit Kinder sich ausgeglichen fühlen können. Laut Zimmer ist es das Gleichgewicht zwischen Bewegung und Ruhe (vgl. Zimmer 2013, S. 10). Das innere Ruhigwerden ist dabei ein wichtiger Faktor für die Ausgeglichenheit. Bevor von Kindern allerdings diese Ruhe erwartet werden kann, muss ihnen Raum für das Ausleben ihres Bewegungsdrangs gegeben werden, woraufhin ein Bedürfnis nach Ruhe meist automatisch folgt (vgl. ebd., S. 11). Also kann erst durch Aktivität der Zustand erreicht werden, in welchem intensive Ruhe erlebt werden kann. Dies wird auch dadurch bestätigt, dass Kinder sich nach einer stärkeren Bewegungsphase viel besser konzentrieren können (vgl. Zimmer 2008, S. 65f). Äußerst interessant ist hierzu auch, dass unterschiedlichste körperliche Aktivitäten auffällig unruhigen Kindern helfen, eine bessere Körperkontrolle zu bekommen, weil sich dadurch ihre mangelnde Impulssteuerung verbessert (vgl. ebd., S. 66ff). Also werden sie hierdurch auch ausgeglichener und ruhiger. Den extremen Bewegungsdrang mit körperlicher Aktivität zu behandeln, scheint ein sehr einfaches, aber auch wirksames Prinzip zu sein. Die Gelegenheit zur körperlichen Auslastung sollte also möglichst oft gegeben sein. Durch ein gutes objektives Wohlbefinden werden gute Voraussetzungen für die Ausgeglichenheit geschaffen, da mit einem guten Gesundheitszustand viel Sport und Bewegung stattfinden und so auch die bereits beschriebene tiefe Entspannung folgen kann. Die sportliche Ausdaueraktivität und die daraus resultierenden gesundheitlichen Folgeverbesserungen schaffen auch eine psychische Ausgeglichenheit (vgl. Schmidt 2015, S. 344).

Weiterhin ist interessant, dass folgende vier Aspekte der heutigen Zeit offensichtlich miteinander zusammenhängen:

- Rückgang körperlicher Aktivität von Grundschulkindern (vgl. S.23, Abbildung 1),

- stetig steigende Verdrängung von aktiven Körpererfahrungen durch die Mediatisierung der Lebenswelt von Kindern (vgl. Zimmer 2009, S. 150),

- Steigerung der Anzahl übergewichtiger und adipöser Kinder (vgl. S. 24, Abbildung 2),

- zunehmende Verhaltensauffälligkeiten wie Kommunikative Störungen, Ängste, Aggressivität, mangelnde Konzentrationsfähigkeit, Hyperaktivität (vgl. Hurrelmann 2004, S. 19ff), Störungen in der Wahrnehmungsverarbeitung und Nervosität (vgl. Zimmer 2009, S. 23).

Diese – im letzten Punkt genannten – von Bewegungsmangel verursachten Symptome stehen im Gegensatz zu positivem Wohlbefinden und Ausgeglichenheit. Da digitale Medien häufig der Grund für ungenügende körperliche Aktivität sind, tritt ein weiterer negativer Effekt durch diese ein:

> „Die modernen Medien stehen ihnen [Kindern] fast jederzeit zur Verfügung, und so nehmen sie – meist sitzend und in körperlicher Unbeweglichkeit – eine Vielzahl an Eindrücken und Informationen auf. Es fehlt ihnen jedoch die Möglichkeit, diese auf der körperbezogenen Ebene zu verarbeiten. Das führt zu einem Missverständnis von äußeren Anforderungen und inneren Ressourcen. Häufig sind Stresssymptome wie

> Schlaflosigkeit, Nervosität oder Konzentrationsstörungen die Folge, es entstehen Unruhe und Rastlosigkeit, die das Kind nicht nur in den Verhältnissen zu seiner Umwelt, sondern auch in seinen Entfaltungsmöglichkeiten beeinträchtigen" (Zimmer 2013, S. 9).

Im Zitat wird deutlich, dass diese Art von Überforderung bei Kindern erstmals in unserer modernen Gesellschaft auftritt. Viele Lernprozesse im Kindesalter sind mit Bewegung verknüpft und werden durch Bewegung erfahren. So müssen Kinder häufig körperlich aktiv werden, um an neue Informationen heranzukommen. Beispielsweise ist es erforderlich auf einen Baum zu steigen, um mit allen Sinnen zu erfahren, wie die Aussicht von dort oben ist oder wie sich die Baumrinde anfühlt. Sind Kinder jedoch einer einseitigen und intensiven Informationsflut gerade durch digitale Bildschirmmedien ausgesetzt, so stellt die Verarbeitung dieser Reize häufig eine Überforderung für die sensible Wahrnehmung der heranwachsenden Kinder dar (vgl. Zimmer 2009, S. 58). Dies kann als Appell gewertet werden, Kinder vor dieser Art digitaler Überforderung zu schützen und ihnen einen dosierten Umgang mit Medien zu vermitteln, denn die entstehende Unausgeglichenheit und Unzufriedenheit sprechen eindeutig gegen ein positives Wohlbefinden von Kindern. Die früh erlernte Fähigkeit, ein Gleichgewicht zwischen Aktivität und Ruhe herzustellen, verschafft möglicherweise auch einen Vorteil für das Erwachsenenalter und könnte auch dort helfen, auf Ausgeglichenheit und Zufriedenheit zu achten. Dabei ist zu beachten, dass jedes Kind unterschiedliche Ressourcen und Bedürfnisse in Bezug auf Entspannung und körperliche Bewegung aufweist. Somit ist an dieser Stelle ein individueller Umgang von Bedeutung. Letztendlich sollte meiner Meinung nach, jeder Mensch sein persönliches Maß an Ruhe und Aktivität kennen und dieses soweit wie möglich umsetzen können. Deshalb ist es wichtig, dass das Kind selbst als Akteur von Bewegung und Ruhe agieren kann, damit es Verantwortung für den eigenen Körper und das Wohlbefinden übernehmen und auf die Anzeichen des Körpers selbstständig reagieren kann. Dabei ist die Anleitung durch Bezugspersonen natürlich hilfreich, damit Kinder verschiedenste Möglichkeiten von körperlicher Auslastung und Ruhe kennenlernen.

Des Weiteren hängt die Zufriedenheit mit der Wahrnehmung und Einschätzung der eigenen Person zusammen (vgl. Zimmer 2010, S. 59). Das bereits in Kapitel 3 beschriebene positive Selbstkonzept trägt also zu einer höheren Zufriedenheit bei. Das Bewusstsein des eigenen Selbstwertes stellt dabei eine innere Ressource dar, welche zu Selbstbewusstsein und Ruhe führen kann (vgl. Kapitel 3.2). Da körperliche Aktivität das Selbstkonzept fördert, kann sie also auch zu einer besseren

Zufriedenheit führen und so die Ausgeglichenheit und allgemein das Wohlbefinden enorm steigern. So ist schließlich erkennbar, dass das subjektive Wohlbefinden stark durch körperliche Aktivität auf verschiedenen Ebenen (kognitiv, körperlich, auf Ebene des Selbstkonzepts usw.) aufgewertet wird.

7 Abschlussreflexion

7.1 Zusammenfassung und Schlussfolgerungen

Bewegung ist ein Grundbedürfnis des Menschen und besonders wichtig im Kindesalter. In dieser Zeit ist der Bewegungsdrang auch am höchsten, was darauf hinweist, dass viel körperliche Aktivität bei Kindern schon genetisch determiniert ist. Die Gehirnentwicklung und kognitiven Fähigkeiten korrelieren eng mit Bewegung. Dabei entwickeln sich kognitive und körperliche Fertigkeiten gleichzeitig mit gegenseitiger Beeinflussung. Die Bewegungserfahrungen stellen wiederum die Grundlage für abstrakte Denkprozesse dar. Hierbei ist es wichtig zu erwähnen, dass das Grundschulalter die wichtigste Zeit für die Entwicklung des abstrakten Denkens ist. Auch ist Bewegung unverzichtbar für eine gesunde körperliche Entwicklung. So korreliert zum Beispiel die körperliche Entwicklung mit der Verbesserung motorischer Fähigkeiten. Die körperliche Gesundheit weißt eine Interdependenz mit der körperlichen Aktivität auf. Die positiven Effekte von Bewegung allgemein auf die Gesundheit sind vielseitig und weitreichend. Dementsprechend ist Bewegungsmangel die Hauptursache verschiedenster gesundheitlicher Probleme, welche die Lebensqualität stark beeinflussen können. Weiterhin können viele soziale Aspekte, welche für den zwischenmenschlichen Umgang wichtig sind, bei Bewegung und Bewegungsspielen besonders gut erlebt und erlernt werden, wie etwa die Perspektivübernahme, also das Hineinversetzen in die Situation einer anderen Person. So wird deutlich, dass Bewegung und körperliche Aktivität eine zentrale Rolle in der kognitiven, körperlichen und sozialen Entwicklung von Kindern spielen und demnach unerlässlich sind.

Außerdem wirkt Bewegung positiv in der Entwicklung des Selbst. So kann ein gutes Selbstkonzept gebildet werden, indem durch Bewegungserfahrungen die Selbstbewertung und das Selbstbewusstsein aufgewertet werden können (hier ist allerdings teilweise auch die Begleitung durch Bezugspersonen notwendig). Hinzukommend kann mit körperlicher Aktivität das Gleichgewicht zwischen Selbstwirksamkeit und den eigenen Grenzen ausprobiert werden, sodass ein gesundes Bewusstsein der eigenen Selbstwirksamkeit entstehen kann. Das Kind hat die Möglichkeit zu lernen, dass es selbst Ursache von etwas sein kann. Dies ist in vielen Bereichen des späteren Lebens grundlegend wichtig, denn es beeinflusst das allgemeine Denken und Handeln. So kann es auch bei Bewegungsinaktivität durch Misserfolge zu Minderwertigkeitsgefühlen kommen, welche wiederum weiter die körperliche Aktivität hemmen können. Dieser Teufelskreis kann die gesamte Entwicklung des

Selbst negativ beeinflussen, was die Relevanz einer pädagogischen Betreuung aufzeigt. Es stellt sich heraus, dass Bewegung enorm wichtig für die Entwicklung des Selbst ist, sie eng miteinander zusammenhängen und sich gegenseitig beeinflussen.

Die Erhebungsdaten der KiGGS-Studie zeigen deutlich den aktuellen Bewegungsmangel von Kindern und Jugendlichen in Deutschland. Nur 26,4 % der Kinder im Grundschulalter erreichen die WHO-Empfehlung von 60 Minuten täglicher, sportlicher Aktivität und 15 % von ihnen sind übergewichtig und adipös. Weiterhin ist zu erkennen, dass im Vergleich zu den vorherigen Erhebungswellen aus den Jahren 2003 bis 2006 und 2009 bis 2012, sich die Werte der Aktivität und des Übergewichts verschlechtert haben. Diese negative Entwicklungstendenz macht zusammen mit der Relevanz von körperlicher Aktivität für die Entwicklung von Kindern deutlich, dass Bewegung und Sport allgemein förderungswürdig und auch aktuell dringend förderungsnotwendig sind.

Der Bewegungsrückgang hängt mit der veränderten Lebenswelt der Kinder zusammen. Der Einstieg in die Schule bedeutet für Kinder viel zu sitzen. Aber in der Schule gibt es – insbesondere in der Grundschule – neben dem Sportunterricht und den Pausen sogar Möglichkeiten für Bewegung im Unterricht, die es kreativ umzusetzen gilt. Der Alltag von Kindern ist heutzutage häufig von Bewegungseinschränkungen geprägt. Besonders in städtischen Gebieten gibt es für sie nicht ausreichend Gelegenheit zur freien körperlichen Aktivität. Weiterhin ist bei der aktuellen Bewegungssituation auffällig, dass viele Kinder häufig aktiv in Sportvereinen sind und auch an anderen allgemeinen sportlichen Aktivitäten teilnehmen, dennoch erreichen nur wenige von ihnen auch die tatsächliche WHO-Empfehlung von 60 Minuten sportlicher Aktivität pro Tag. Es stellt sich heraus, dass besonders die Aktivität im freien Spiel gefördert werden sollte, denn durch die Schule haben Grundschulkinder weniger Bewegung im Alltag als Vorschulkinder. Dabei verstärken digitale Medien den Bewegungsmangel enorm. Der Medienkonsum steigt und kann keine adäquate körperliche Aktivität fördern, sondern schafft eher Überforderung und so auch Stress bei Kindern. So ist festzustellen, dass Grundschulkinder aktuell zwar zu wenig körperliche Aktivität haben, jedoch Möglichkeiten für die Verbesserung der Bewegungssituation vorhanden sind, zum Beispiel indem Bewegung in den Alltag und in den Schulunterricht eingebracht wird und ein übermäßiger Medienkonsum durch körperbezogene Beschäftigung ersetzt wird.

Körperliche Aktivität ist unmittelbar mit Gesundheitszustand (objektives Wohlbefinden) und Ausgeglichenheit (subjektives Wohlbefinden) verbunden. Für eine gute Ausgeglichenheit ist das Gleichgewicht zwischen Bewegung und Ruhe von

zentraler Bedeutung. Starke körperliche Belastung führt anschließend natürlicher-
weise zu einer intensiven Ruhephase, wodurch Zufriedenheit und Ausgeglichenheit gefördert werden können. So stellt sich heraus, dass körperliche Aktivität nicht
nur eine signifikante Bedeutung für ein positives Wohlbefinden hat, sondern auch
elementar und unerlässlich für dieses ist.

7.2 Appell an die soziale Arbeit

Alle Ergebnisse und Aussagen dieser Arbeit führen zu der Schlussfolgerung, dass
körperliche Aktivität von Kindern gefördert werden sollte, um ihr objektives und
subjektives Wohlbefinden zu verbessern. Das bedeutet, dass dieser Appell nicht
nur an Lehrer, Eltern und Kinder, sondern auch an die soziale Arbeit gerichtet ist.
Diese Aufgabe dürfte meiner Meinung nach, keine allzu große Herausforderung
darstellen, denn gerade Grundschulkinder benötigen durch ihren natürlichen Bewegungsdrang meistens nur wenige Mittel, dafür aber vor allem genügend Zeit für
Bewegung – wo ältere Kinder und Jugendliche bereits höhere Anforderungen haben (zum Beispiel Spiel- und Sportgeräte) (vgl. Zimmer 2009, S. 57). Soziale Arbeit
hat viele Möglichkeiten, Orte der körperlichen Aktivität zu schaffen, zum Beispiel
in Schulen und offener Kinder- und Jugendarbeit. Aber auch in der Betreuung oder
Beratung besteht die Option das Bewusstsein für die Relevanz von Bewegung sowohl bei Kindern als auch bei Eltern zu fördern. Es besteht also das Potential, durch
soziale Arbeit Bewegung in allen sozialökologischen Zonen zu fördern.

Soziale Arbeit orientiert sich an sozialen Problemen (vgl. Bettinger 2008, S. 26).
Bewegungsmangel und dessen Folgen sind gesellschaftliche und somit auch soziale
Probleme, welche häufig aus der heutigen Lebensweise hervorgehen. Soziale Arbeit sollte hier meiner Meinung nach, gesellschaftskritischer als bisher vorgehen
und, wo digitale Medien zu viel Raum einnehmen und Bewegung dadurch stark
vernachlässigt wird, eingreifen und tätig werden. Einen Gegenspieler zu diesen
Prinzipien könnte dagegen die Industrie der digitalen Medien darstellen, bei der
wirtschaftliche Faktoren im Vordergrund stehen und das Wohlbefinden von Kindern eine untergeordnete bis keine Rolle spielt (vgl. Spitzer 2012, S. 25). Eine Pä-
dagogisierung von Medien und ihr häufiger Einsatz werden zwar immer wieder
entwicklungsfördernd dargestellt, aber die positiven Effekte sind äußerst fragwür-
dig (vgl. ebd., S. 23) und meines Erachtens nach, im Vergleich zu den negativen Ef-
fekten, welche in dieser Arbeit vorgestellt wurden, nicht stichhaltig genug. So ist zu
erkennen, dass soziale Arbeit gegen den Kapitalismus vorgehen und diese Miss-
stände klar aufdecken muss.

Auch wenn dieses Problem von der Öffentlichkeit noch nicht so weit erkannt wurde, dass ein aktives und effektives Handeln gegen den erhöhten Gebrauch von digitalen Medien stattfindet, sollte soziale Arbeit die Warnhinweise ernst nehmen und den ersten Schritt machen. Auch Kinder scheinen selbst zu wissen, was gut für ihr Wohlbefinden ist. So steht Fernsehen nach einer Umfrage im Jahr 2016, erst an dritter Stelle der beliebtesten Freizeitaktivitäten hinter „Draußen spielen" und „Freunde treffen" (mpfs 2017, S. 13). Allerdings zeigt die Selbsteinschätzung der sportlichen Fähigkeiten, dass sie kein realistisches Bild ihrer körperlichen Leistung haben, denn in einer Untersuchung schätzten 85% der Kinder und Jugendlichen, welche eine schlechte Leistung aufwiesen, diese als sehr gut bis befriedigend ein (Robert Koch-Institut 2004, S. 74). Hier möchte ich nicht die sportliche Leistung in den Mittelpunkt stellen und als Ziel sehen, sondern die niedrige Leistungsfähigkeit als Indikator und Konsequenz von Bewegungsmangel. Also muss auch das Bewusstsein für die Notwendigkeit von vermehrter körperlicher Aktivität vermittelt werden.

Weiterhin hat soziale Arbeit die spezielle Aufgabe, Menschen aus sozioökonomisch schwacher Schicht zu fördern. In Abbildung 2 (S. 24) ist der große Unterschied von Bewegungshäufigkeit zwischen den sozialen Status sichtbar. Die sozioökonomisch schwächere Schicht weist viel weniger körperliche Aktivität auf, als die höhere Schicht. Daraus ergibt sich die Aufgabe, körperliche Aktivität besonders in diesen Familien zu fördern. Soziale Arbeit hat, zum Beispiel durch offene Kinder- und Jugendarbeit die Ressourcen, hier einen Unterschied bewirken zu können. Schlussendlich ist festzustellen, dass soziale Arbeit durchaus Möglichkeiten und Kompetenzen besitzt, um dem Auftrag, körperliche Aktivität von Kindern zu fördern und so ihr Wohlbefinden verbessern zu können, nachzukommen. Das folgende Zitat von Zimmer formuliert den Kern der Arbeit nochmals besonders treffend und soll hiermit abschließend gleichsam als Appell, Kinder in ihrer Bewegung zu fördern, aufgeführt werden:

> „[...] dass Bewegung über alle rationalen Begründungsversuche hinaus, unmittelbarer Ausdruck kindlicher Lebensfreude ist und dass Kinder [...] damit auch Anspruch auf eine „erfüllte Gegenwart" haben." (Zimmer 2009, S. 148).

8 Literatur- und Quellenverzeichnis

Ahnert, J.; Bös, K. & Schneider, W. (2003): Motorische und kognitive Entwicklung in Vorschul- und Schulalter. Befunde der Münchener Längsschnittstudie LOGIK. In: Zeitschrift für Entwicklungspsychologie und Pädagogische Psychologie, Bd. 35, H. 4, S. 185-199.

Berufsverband der Kinder- und Jugendärzte e.V. (2016): BLIKK-Medien. Bewältigung Lernverhalten Intelligenz Kompetenz Kommunikation Kinder und Jugendliche im Umgang mit elektronischen Medien. Pressemitteilung 09.11.2016. Erste Ergebnisse von 3.048 Kindern, Berlin.

Bettinger, Frank (2008): Auftrag und Mandat. In: Josef Bakic, Marc Diebäcker, Elisabeth Hammer (Hg.): Aktuelle Leitbegriffe der Sozialen Arbeit. Ein kritisches Handbuch, (S. 25-39), Wien.

Beutel, Silvia-Iris; Hinz, Renate (2008): Schulanfang im Wandel, Selbstkonzepte der Kinder als pädagogische Aufgabe, Berlin.

Billmeier, Ursula; Ziroli, Sergio (2014): Bewegungsbildung in der frühen Kindheit. Zur Begleitung und Gestaltung von Bewegungssituationen. In: Diemut Kucharz, Katja Mackowiak, Sergio Ziroli, Alexander Kauertz, Elisabeth Rathgeb-Schnierer, Margarete Dieck (Hg.): Professionelles Handeln im Elementarbereich, (S. 121-127), Münster.

Bouchard, C.; Shephard, R.J. (1994): Physical activity, fitness, and health: The model and key concepts. In: C. Bouchard, R.J. Shephard & T.Stephens (Hg.): Physical activity, fitness, and health. International proceedings and consensus statement, (S. 77-84), Champaign, Illinois.

Breuer, J. (2002): Kindliche Lebens- und Bewegungswelten in dicht besiedelten Wohnquartieren, Hamburg.

Bründel, H.; Hurrelmann, K.(1996): Einführung in die Kindheitsforschung. Weinheim, Basel.

Deinet, Ulrich (2005): „Aneignung" und „Raum" – zentrale Begriffe des sozialräumlichen Konzepts. In: Deinet, Ulrich (Hg.): Sozialräumliche Jugendarbeit. Grundlagen, Methoden und Praxiskonzepte, (S. 27-57), Wiesbaden.

Epstein, L. H. (1992): Exercise and obesity in children. In: Journal of applied Sport Psychology, Bd. 4, H. 2, S. 120-133.

Finger, Jonas D.; Varnaccia, Gianni; Borrmann, Anja; Lange, Cornelia; Mensink, Gert B. M. (2018): KiGGS Welle 2 – Erste Ergebnisse aus Querschnitt- und Kohortenanalysen. Körperliche Aktivität von Kindern und Jugendlichen in Deutschland– Querschnittergebnisse aus KiGGS Welle 2 und Trends. In: Journal of Health Monitoring, Bd. 3, H. 1, S. 24-28.

Fleig, P. (2008): Der Zusammenhang zwischen körperlicher Aktivität und kognitiver Entwicklung – Theoretische Hintergründe und empirische Ergebnisse. In: Sportunterricht, Bd. 57, H. 1, S. 11-16.

Frostig, Marianne (1973): Bewegungs-Erziehung: Neue Wege der Heilpädagogik, Berlin.

Glatzer, W. (1992): Lebensqualität und subjektives Wohlbefinden. Ergebnisse sozialwissenschaftlicher Untersuchungen. In Bellebaum, A. (Hg.): Glück und Zufriedenheit. Ein Symposion, (S. 49-85), Opladen.

Grunwald, K.; Thiersch, H. (2004): Das Konzept Lebensweltorientierte Soziale Arbeit – einleitende Bemerkungen. In: Grunwald, K.; Thiersch, H. (Hg.): Praxis Lebensweltorientierter Sozialer Arbeit. Handlungszugänge und Methoden in unterschiedlichen Handlungsfeldern, (S. 13-23), Weinheim, München.

Haskell, William (2000): Sport, Bewegung und Gesundheit. Auf dem Weg in ein neues Jahrhundert. In: Der Orthopäde, Bd. 29, H. 11, S. 930.

Hausser, K. (1997): Identitätsentwicklung – vom Phasenuniversalismus zur Erfahrungsverarbeitung. In: H. Keupp, R. Höfer (Hg.): Identitätsarbeit heute, (S. 120-134), Frankfurt.

Hildebrandt-Stramann, R. (2008): Bewegungsorientierte Ganztagsschulforschung-eine Einführung. In: V. Oesterheld, J. Hofmann, M. Schimanski, M. Scholz, H. Altenberger (Hg.): Sportpädagogik im Spannungsfeld gesellschaftlicher Erwartungen, wissenschaftlicher Ansprüche und empirischer Befunde, (S. 131-133), Hamburg.

Hildebrandt-Stramann, R. (2015): Bewegungsraum Ganztagsgrundschule. In: Ina Hunger; Renate Zimmer (Hg.): Bewegungschancen bilden, (S. 174-183), Schorndorf.

Hinte, Wolfgang (2011): Das Fachkonzept „Sozialraumorientierung". In: Hinte, Wolfgang; Treeß, Helga (Hg.): Sozialraumorientierung in der Jugendhilfe. Theoretische Grundlagen, Handlungsprinzipien und Praxisbeispiele einer kooperativ-integrativen Pädagogik, (S. 15-128), Weinheim/ München.

Hollmann, W.; Strüder, H. K.; Tagarakis, C.V.M. (2003): Körperliche Aktivität fördert Gehirngesundheit und –leistungsfähigkeit. Übersicht und eigene Befunde. In: Nervenheilkunde, Bd. 22, H. 9, S. 467-474.

Hurrelmann, K. (2004): Entwicklungs- und Gesundheitsprobleme von Kindern. In: Zimmer, R.; Hunger, I. (Hg.): Wahrnehmen – Bewegen – Lernen, (S. 19-31), Schorndorf.

Jasmund, Christina Irene (2009): Evaluation bewegungspädagogischer Arbeit. Zum Einfluss motorischer Förderung in Kindertagesstätten auf die ganzheitliche Persönlichkeitsentwicklung von Kindern, Berlin.

Kirchner, G. (2005): Motorische Entwicklung und Entwicklungspotenzen. In: G. Kirchner & R. Pöhlmann (Hg.): Lehrbuch der Sportmotorik. Psychomotorische Grundlagen und Anwendungen, (S. 27-88), Kassel.

LBS (2011): LBS – Kinder BAROMETER Deutschland 2011 Länderbericht Hessen. Stimmungen, Meinungen, Trends von Kindern und Jugendlichen in Hessen, Hessen.

Manz, K; Schlack, R; Poethko-Müller, C; Mensink, G; Finger, J; Lampert, T (2014): Körperlich-sportliche Aktivität und Nutzung elektronischer Medien im Kindes- und Jugendalter. Ergebnisse der KiGGS-Studie – Erste Folgebefragung (KiGGS Welle 1). In: Bundesgesundheitsblatt, Bd. 57, H. 7, S. 840-848.

Medienpädagogischer Forschungsverband Südwest (mpfs) (2000): Kinder und Medien – KIM `99. Basisuntersuchung zum Medienumgang 6- bis 13-Jähriger in Deutschland, Baden-Baden.

Medienpädagogischer Forschungsverbund Südwest (mpfs) (2017): KIM-Studie 2016 Kindheit, Internet, Medien. Basisstudie zum Medienumgang 6- bis 13-Jähriger in Deutschland. Stuttgart.

Müller, Christina (2015): Bewegte Schule für Alle. Mögliche Schwerpunktsetzungen für ausgewählte Förderschwerpunkte. In: Ina Hunger; Renate Zimmer (Hg.): Bewegungschancen bilden, (S. 184-189), Schorndorf.

Müller, Christine (2010): Bewegte Grundschule, Sankt Augustin.

Nething, K.; Stroth, S.; Wabitsch, M.; Galm, C.; Rapp, K.; Brandstetter, S.; Berg, S.; Kresz, A.; Wartha, O.; Steinacker J. M. (2006): Primärprävention von Folgeerkrankungen des Übergewichts bei Kindern und Jugendlichen. In: Deutsche Zeitschrift für Sportmedizin, Bd. 57, H. 2, S. 42-45.

Pachinger, Otmar (2015): Gesundheitliche Folgen von Übergewicht und Adipositas für Kinder und Jugendliche, URL: http://www.herzfonds.at/files/Pachinger_BuS_2015.pdf [Zugriffsdatum: 14.04.2018].

Pauen, Sabina (2003): Denken vor dem Sprechen. In: Gehirn und Geist, Bd. 1, H. 3, S. 45-49.

Piaget, Jean; Inhelder, Bärbel (1986): Die Psychologie des Kindes, Frankfurt.

Prätorius, B.; Milani, T. L.(2004): Motorische Leistungsfähigkeit bei Kindern: Koordinations- und Gleichgewichtsfähigkeit: Untersuchung des Leistungsgefälles zwischen Kindern mit verschiedenen Sozialisationsbedingungen. In: Deutsche Zeitschrift für Sportmedizin, Bd. 55, H. 7, S. 172-176.

Rauschert, Florian (2017): Der natürliche Bewegungsdrang von Kindern. Gezielte Bewegungserziehung im Kindergarten, URL: https://www.grin.com/document/387968 [Zugriffsdatum 12.04.2018].

Robert Koch-Institut (2004): Schwerpunktbericht der Gesundheitsberichterstattung des Bundes. Gesundheit von Kindern und Jugendlichen, Berlin.

Robert Koch-Institut (Hg.), Bundeszentrale für gesundheitliche Aufklärung (BZgA) (Hg.) (2008): Erkennen-Bewerten-Handeln: Zur Gesundheit von Kindern und Jugendlichen in Deutschland, Berlin.

Robert Koch-Institut (2014): Körperliche Aktivität. Faktenblatt zu KiGGS Welle 1: Studie zur Gesundheit von Kindern und Jugendlichen in Deutschland – Erste Folgebefragung 2009–2012, Berlin.

Röbl, M.; Lakomek, M; Gahr, M. (2006): Prävalenz chronischer Krankheiten bei Kindern und Jugendlichen. In: P. Schauder, H. Berthold, H. Eckel, G. Ollenschläger (Hg.): Zukunft sichern: Senkung der Zahl chronisch Kranker, (S. 87-100), Köln.

Röhr-Sendlmeier, Una M.; Knopp, Kerstin; Franken, Sarah (2007): Auswirkungen psychomotorischer Förderung auf die körperliche, kognitive und Persönlichkeitsentwicklung. Folgen des Bewegungsmangels. In: Una M. Röhr-Sendlmeier (Hg.): Frühförderung auf dem Prüfstand. Lebenslang lernen, (S. 17-33), Berlin.

Schienkiewitz, Anja; Damerow, Stefan; Mauz, Elvira; Vogelgesang, Felicitas; Kuhnert, Ronny; Schaffrath Rosario, Angelika (2018b): Entwicklung von Übergewicht und Adipositas bei Kindern – Ergebnisse der KiGGS-Kohorte. In: Journal of Health Monitoring, Bd. 3, H. 1, S. 76-81.

Schienkiewitz, Anja; Brettschneider, Anna-Kristin; Damerow, Stefan; Schaffrath Rosario, Angelika (2018a): Übergewicht und Adipositas im Kindes- und Jugendalter in Deutschland – Querschnittergebnisse aus KiGGS Welle 2 und Trends. In: Journal of Health Monitoring, Bd. 3, H. 1, S. 16-23.

Schmidt, Andrea (2015): Wie viel und welche Bewegung brauchen Kinder um gesunde Erwachsene zu werden. In: Ina Hunger; Renate Zimmer (Hg.): Bewegungschancen bilden, (S. 341-345), Schorndorf.

Schumacher, Jörg; Klaiberg, Antje; Brähler, Elmar (2003): Diagnostische Verfahren zu Lebensqualität und Wohlbefinden. Diagnostik von Lebensqualität und Wohlbefinden – Eine Einführung, Göttingen.

Spitzer, Manfred (2012): Digitale Demenz. Wie wir uns und unsere Kinder um den Verstand bringen, München.

Spitzer, Manfred (2016): Risiken und Nebenwirkungen digitaler Informationstechnik. Digitalisierung und schulische Bildung, Anhörung durch die Enquetekommission „Kein Kind zurücklassen – Rahmenbedingungen, Chancen und Zukunft schulischer Bildung, Hessen.

Zimmer, Renate (2004): Toben macht schlau. Bewegung statt Verkopfung, Freiburg.

Zimmer, Renate (2008): Schafft die Stühle ab! Was Kinder durch Bewegung lernen, Freiburg im Breisgau.

Zimmer, Renate (2009): Handbuch der Bewegungserziehung. Grundlagen für Ausbildung und pädagogische Praxis, Freiburg im Breisgau.

Zimmer, Renate (2010): Handbuch der Psychomotorik. Theorie und Praxis der psychomotorischen Förderung von Kindern, Freiburg im Breisgau.

Zimmer, Renate (2013): Erleben, bewegen, entspannen. Wie Kinder zur Ruhe finden, Freiburg im Breisgau.

Internetseiten

Duden (2018): „domestizieren" auf Duden online. URL: https://www.duden.de/rechtschreibung/domestizieren [Zugriffsdatum: 15.05.2018].

Robert Koch-Institut (2018): KiGGS. Studie zur Gesundheit von Kindern und Jugendlichen in Deutschland. URL: https://www.kiggs-studie.de/deutsch/studie.html [Zugriffsdatum: 23.04.2018].

Statistische Ämter des Bundes und der Länder (2014): Zensus 2011. Kinder in Deutschland. URL: http://www.statistik-portal.de/Statistik-Portal/Kinder_in_Deutschland.pdf [Zugriffsdatum: 12.05.2018].

Statistisches Bundesamt (DESTATIS) (2018): Pressemitteilung Nr. 128. Die Mehrheit der Kinder wächst mit Geschwistern auf. URL: https://www.destatis.de/DE/PresseService/Presse/Pressemitteilungen/2018/04/PD18_128_122.html [Zugriffsdatum: 11.05.2018].

Weltgesundheitsorganisation (2018): WHO verweist in neuem Bericht auf ungleiche gesundheitliche Fortschritte in Europa und fordert zur Messung des Fortschritts eine genauere Erfassung des Wohlbefindens. URL: http://www.euro.who.int/de/media-centre/sections/press-releases/2013/03/new-who-report-reveals-unequal-improvements-in-health-in-europe-and-calls-for-measurement-of-well-being-as-marker-of-progress [Zugriffsdatum: 23.05.2018].